2024 보호직·사회복지직 9급 공무원시험 대비

김유경 사회복지학개론
동형모의고사 1
기출재조합형 중심

문제

지식터

책을 시작하며 여러분을 응원합니다!

이 문제집은, 닉네임 '조문성' 님께서 12~14회 정도 분량의 기출선지 재조합형 모의고사를 별도로 출간하면 좋겠다는 의견을 카페에 남겨주시면서 시작되었습니다. 이미 기출 재조합형 및 기출 쌍둥이 모의고사를 《기출문제집 복습노트》에 10회분 수록해 출간했기 때문에 별도의 재조합형 모의고사 문제집을 출간할 계획이 있었던 것은 아니지만, 조문성 님의 의견을 읽고 '**기출과 가장 유사한 수준의 모의고사**'를 출간하는 것이 단계적인 시험 대비에 도움이 되겠다고 생각해 출간하게 되었습니다.

기출재조합형 문제 80% + 추가변형 문제 20%

이 문제집의 약 80%는 기출선지를 재조합한 문제들로 구성됩니다. 기출문장 그대로를 사용한 경우도 있고, 정답이었던 문장을 오답으로 바꾸거나 오답이었던 문장을 정답으로 바꿔 사용하기도 했습니다.

나머지 20%는, 다음 두 가지 이유에서, 기출보다 약간 확장된 문제로 출제했습니다.

첫째, 출제빈도가 낮은 테마의 경우 기출선지 자체가 제한적이기 때문에 같은 선지를 단순 반복하는 것 이상으로, 출제 가능성이 높은 추가 선지까지를 포함하거나 문제 자체의 형태를 변형하는 방식의 응용이 필요하기 때문입니다.

둘째, 실제 시험에 늘 한두 문제는 예상 외 문제가 출제되기 때문에 그런 문제에 대한 순발력까지를 포함해 연습할 필요가 있다고 보았기 때문입니다.

단계적으로 실전 역량을 강화하자!

시험 대비를 위해서는 개념학습과 기출정복을 탄탄하게 한 후 실전처럼 문제를 풀어보면서 개념 이해의 빈틈을 채워나가며 실전 역량을 강화해야 합니다.

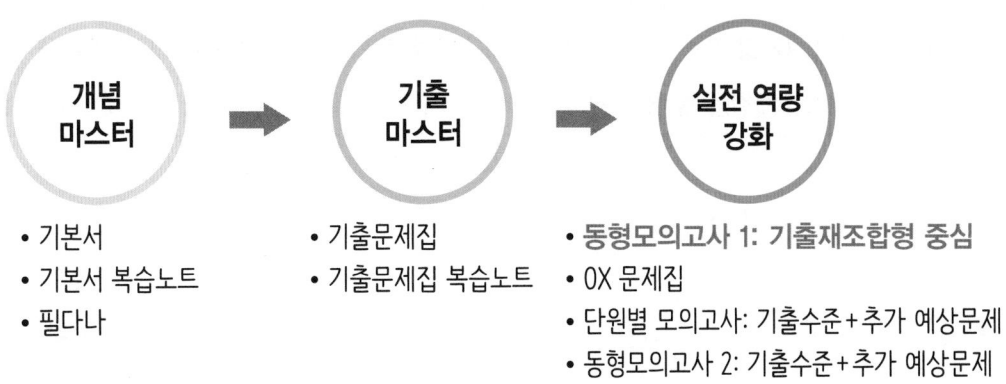

- 개념 마스터
  - 기본서
  - 기본서 복습노트
  - 필다나
- 기출 마스터
  - 기출문제집
  - 기출문제집 복습노트
- 실전 역량 강화
  - 동형모의고사 1: 기출재조합형 중심
  - OX 문제집
  - 단원별 모의고사: 기출수준 + 추가 예상문제
  - 동형모의고사 2: 기출수준 + 추가 예상문제

실전 역량 강화를 위해 활용할 수 있도록 저는 OX문제집, 단원별 모의고사, 동형모의고사 1, 동형모의고사 2 등 다양한 문제집을 출간하고 있습니다. 이 중 **기출과 가장 유사한 수준의 문제집이 바로 기출재조합 문제로 구성된 이《동형모의고사 1》입니다.** 그 외 문제집들은 단순히 기출 수준에서 머물지 않고 핵심테마를 다양하게 변형한 선지들 및 추가 예상선지나 문제로 구성됩니다. 그러다 보니 기본개념을 잘 이해하고 있는 수험생이라면 어렵지 않게 풀 수 있지만, 기초개념이 탄탄하지 않은 상태에서 풀면 어렵다고 느낄 수도 있습니다.

그런 점에서 실전 역량 강화를 위해 좀 더 단계적으로 문제를 푼다면, 다음 순서를 따르는 것이 좋습니다. 그리고《동형모의고사 1》은 가급적 10분 이내의 시간 제한을 두고 풀기 바랍니다.

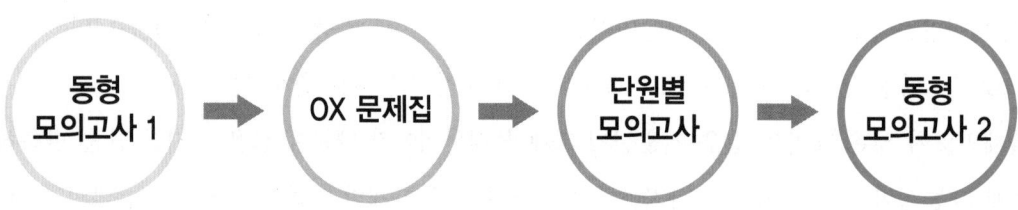

시험 대비를 위해 무엇보다 중요한 것은 기출을 제대로 정복하는 것입니다. 그 후 남은 10~20%를 공략해야 합니다. 이 문제집을 활용해 기출을 제대로 정복했다는, 근거 있는 자신감을 충전하고 그 자신감으로 남은 영역까지 정복하여 2024년 9급 시험 사회복지학개론에서 고득점하길 바랍니다.

기필코 합격합시다!

이 문제집을 펼쳐든 여러분은 아마도 개념학습, 기출문제 풀이, 그리고 반복회독의 과정을 지나 이제 자신의 실력을 점수로 확인하게 될 문제풀이 단계에 막 진입했을 것입니다. 여러분의 합격을 진심으로 바라는 마음으로 진짜 시험에 나올 수 있을 것 같은 문제를 선별하여 구성하고자 노력했습니다. 이 문제들을 징검다리 삼아 합격까지 이르십시오. 이 문제집을 통해 문제가 풀리고 점수가 오르는 기쁨의 징검다리를, 그 기쁨을 딛고 자신감이라는 징검다리를 건너 기필코 합격에 이릅시다.

여러분의 합격을 진심으로 응원합니다.

2023년 11월 말

김유경

차례

모의고사 제1회 ——————————————— 6

모의고사 제2회 ——————————————— 12

모의고사 제3회 ——————————————— 18

모의고사 제4회 ——————————————— 24

모의고사 제5회 ——————————————— 30

모의고사 제6회 ——————————————— 36

모의고사 제7회 ——————————————— 42

모의고사 제8회 ——————————————— 48

모의고사 제9회 ——————————————— 54

모의고사 제10회 —————————————— 60

모의고사 제11회 —————————————— 66

모의고사 제12회 —————————————— 72

모의고사 제13회 —————————————— 78

모의고사 제14회 —————————————— 84

모의고사 제15회 —————————————— 90

동형모의고사 1
기출재조합형 중심

제1회

학습일자 _____

풀이시간 _____

점 수 _____

나는 연습에서든 실전에서든 이기기 위해 농구를 한다.
그 어떤 것도 승리를 향한 나의 경쟁적 열정에
방해가 되도록 하지 않을 것이다.

-마이클 조던

01 윌렌스키와 르보(Wilensky & Lebeaux)가 분류한 사회복지의 관점에 대한 다음 설명에서 설명하고 있는 대상이 나머지와 다른 하나는?

① 사회문제의 발생 원인에서 개인의 책임을 강조한다.
② 사회복지가 그 사회의 필수적이고 정상적인 제일선(first line)의 기능을 수행한다고 본다.
③ 사회문제에 대해 자선과 구호 중심의 임시적·보충적 서비스를 제공하는 개념이다.
④ 사후 치료적 서비스를 통해 문제를 해결하려는 경향이 강하다.

02 다음에서 제시된 사회복지사의 실천 활동 중 직접적 개입에 해당하는 것은?

① 희귀질환아동의 의료비 지원을 위한 모금활동을 하였다.
② 지역사회에서 클라이언트 가족을 도와줄 수 있는 사회적 지지체계를 개발하였다.
③ 경증치매환자 대상의 인지기능 증진 프로그램을 개발하였다.
④ 발달장애아동 부모를 대상으로 상담과 교육을 실시하였다.

03 우리나라 사회보장제도 중 주요 재원조달방식이 다른 것은?

① 산업재해보상보험제도
② 국민연금제도
③ 국민건강보험제도
④ 긴급복지지원제도

04 인보관운동에 대한 설명으로 옳지 않은 것은?

① 원조의 중복을 막기 위해 빈민의 생활상태를 조사하였다.
② 대학생 등이 중심이 되어 진행한 활동이었다.
③ 지역사회 참여를 통한 빈곤문제의 해결을 강조했다.
④ 문제의 원인을 사회적 환경에서 찾고자 하였다.

05. 소득재분배에 대한 설명으로 옳지 않은 것은?

① 누진세를 재원으로 하는 공공부조는 사회보험에 비해 소득재분배 기능이 높다.
② 소득재분배를 목적으로 모든 사람에게 능력이나 기여와 상관없이 똑같이 사회적 자원을 배분한다면, 이는 수량적 평등 개념에 해당한다.
③ 공적연금제도의 재정조달방식에서 적립방식은 부과방식보다 세대 간 재분배 효과가 더 뚜렷하게 나타난다.
④ 아동수당은 8세 미만의 자녀가 없는 계층으로부터 있는 계층으로 소득이 재분배되는 수평적 재분배 효과가 있다.

06. 사회복지 대상자 선정 기준 중 가장 보편적인 기준은?

① 자산조사 기준
② 귀속적 욕구 기준
③ 보상 기준
④ 진단적 등급 분류 기준

07. 사회복지실천의 주요 관점에 대한 설명으로 옳지 않은 것은?

① 생태체계관점은 개인을 환경 안에서 변화와 적응을 수행할 수 있는 적극적 참여자로 간주한다.
② 강점관점에서 변화를 위한 자원은 클라이언트 체계의 장점, 능력, 적응기술이다.
③ 성인지 관점은 여성과 남성은 생물학적·사회문화적 경험의 차이에도 불구하고 공통의 이해나 요구를 가진다고 본다.
④ 다문화 관점은 다양한 사람들 사이에 존재하는 다양성과 차이를 존중하고 사회복지실천 과정에 작용하는 문화적인 요소에 대한 인식을 강조한다.

08. 바우처(서비스이용권, voucher)에 대한 설명으로 옳지 않은 것은?

① 수요자 지원방식의 대표적인 정책수단이다.
② 복수의 서비스 제공 조직 간 경쟁을 허용한다.
③ 현물 지급 방식에 비해 비합리적 선택의 문제를 방지할 수 있다.
④ 현금 지급 방식에 비해 특정 서비스 이용에 대한 장려나 통제를 하기 용이하다.

09 사례관리(case management)에 대한 설명으로 옳지 않은 것은?

① 생태체계이론과 강점관점을 기반으로 한다.
② 간접적 서비스보다는 직접적 서비스 제공에 초점을 둔다.
③ 클라이언트마다의 고유한 욕구에 부응하는 개별화의 원칙을 강조한다.
④ 궁극적인 목표는 문제를 해결해 주는 것이 아니라 문제를 해결할 수 있는 클라이언트의 역량을 강화하는 데 있다.

10 길버트와 테렐(Gilbert & Terrell)이 분류한 할당의 원리와 관련하여 할당의 세부원칙과 원칙의 결정기준을 옳게 제시한 것은?

① 보상의 원리는 욕구에 대한 경제적 기준에 근거한 집단지향적 할당을 따른다.
② 자산조사의 원리는 형평에 대한 규범적 기준에 근거한 개인별 할당을 따른다.
③ 귀속적 욕구에 따른 원리는 욕구에 대한 규범적 기준에 근거한 집단지향적 할당을 따른다.
④ 진단적 구분에 따른 원리는 욕구의 기술적·진단적 기준에 근거한 집단지향적 할당을 따른다.

11 사회복지실천에서 다음을 주로 하는 사회복지사 역할은?

> 클라이언트가 시의적절한 방식으로 서비스를 제공받도록 클라이언트에게 필요한 자원이나 서비스를 연결·조정하는 것이다.

① 조력자(enabler)
② 중재자(mediator)
③ 옹호자(advocate)
④ 사례관리자(case manager)

12 강점관점(strength perspective)에 대한 설명으로 옳지 않은 것은?

① 문제나 결핍보다는 강점, 역량, 자원 등을 강조한다.
② 클라이언트의 강점에는 클라이언트의 개인적 요인이 포함되며, 사회적·환경적 요인은 포함되지 않는다.
③ 클라이언트의 문제를 도전, 전환점, 성장의 기회로 간주한다.
④ 개입의 초점을 희망과 가능성에 둔다.

13 로스만(J. Rothman)의 지역사회복지실천모델에 대한 설명으로 옳은 것은?

① 지역사회개발모델에서는 권력구조를 고용주와 후원자로 본다.
② 사회계획모델에서는 교육을 통해 주민 지도자를 양성하고 협력적인 지역분위기를 조성하는 데 주력한다.
③ 사회계획모델은 기본 제도의 변화를 추구한다.
④ 지역사회 구성원들의 이해관계가 쉽게 조정될 수 있다고 보는 지역사회개발모델과 달리 사회행동모델에서는 구성원 간 이해관계를 조정되기 힘든 갈등상황이라고 본다.

14 소득불평등과 빈곤에 대한 설명으로 옳지 않은 것은?

① 빈곤율은 빈곤의 심도를 알려주는 지표이다.
② 지니계수는 소득불평등의 정도를 수치화하여 나타내는 측정치이다.
③ 한 사회의 모든 소득을 한 사람이 독점하고 있다면 지니계수는 1이 된다.
④ 신빈곤(new poverty) 개념은 일을 해도 빈곤에서 빠져나올 수 없는 근로빈곤층(working poor)에 초점을 둔다.

15 복지국가 발달이론에서 주장하는, 복지국가 발달의 핵심 요인이 옳게 연결된 것은?

① 수렴이론 – 산업화 과정에서 발생한 새로운 욕구
② 신마르크스주의이론 – 노동자의 정치세력화
③ 권력자원이론 – 제한된 자원의 분배를 둘러싼 다양한 이익집단들 간의 경쟁과 이에 대한 국가의 중재
④ 시민권론 – 국가구조의 형태와 정치인의 개혁성

16 우리나라의 현행 노인복지제도에 대한 설명으로 옳은 것은?

①「노인복지법」에 의한 재가노인복지시설에는 노인복지관, 경로당, 노인교실이 포함된다.
② 기초연금은 65세 이상의 노인들 중 하위소득 70%에게 제공되는 선별적인 현금급여이다.
③ 노인맞춤돌봄서비스는 독거노인만을 대상으로 제공된다.
④ 장기요양보험제도는 고령으로 일상생활에 어려움이 있어 장기요양등급을 받는 65세 이상 노인만을 대상으로 한다.

17 다음 사례에서 사회복지사가 사용한 실천기술은?

> 클라이언트 : 다들 잘 살아가는 것 같은데 저만 바보같이 왜 이러고 사나 싶어요.
> 사회복지사 : 생각보다 많은 분들이 그 시기쯤 비슷한 고민을 합니다. 제가 사회복지사로 일하면서 만났던 분들 중에서도 그런 분들이 많이 있었고요.

① 명료화
② 공감
③ 일반화
④ 직면

18 의료·보건 분야에서 서비스를 신청한 사람의 수로 해당 서비스에 대한 욕구를 추정하는 것은 브래드쇼(Bradshaw)가 분류한 욕구의 유형 중 무엇에 해당하는가?

① 감지적 욕구(felt need)
② 비교적 욕구(comparative need)
③ 표현적 욕구(expressed need)
④ 규범적 욕구(normative need)

19 우리나라 사회복지사 윤리강령 전문에서 명시하고 있는 내용을 옳게 제시한 것은?

① 사회복지사는 인본주의·평등주의 사상에 기초한다.
② 사회복지사는 모든 사람의 편에 서서 사회정의와 평등·자유와 민주주의 가치를 실현하는 데 앞장선다.
③ 도움을 필요로 하는 사람들의 사회적 지위와 기능을 향상시키기 위해 사회복지사가 주도적으로 실천해야 한다.
④ 사회복지사는 사회적 가치를 실현하는 전문가로서의 권익을 유지하기 위해 노력한다.

20 조선 후기 정조 때 반포된 기아 및 행걸아의 구제에 관한 법은?

① 자휼전칙
② 경국대전
③ 조선구호령
④ 연호미법

동형모의고사 1
기출재조합형 중심

제2회

학습일자 _____

풀이시간 _____

점   수 _____

성공은 적극적인 마인드와 연결되어 있다.
당신이 무엇을 믿느냐가 결과를 좌우한다.
  - 조던 B. 피터슨(Jordan B. Peterson)

01
사회복지실천과정의 접수(intake) 단계에서 요구되는 사회복지사의 과업에 해당되지 않는 것은?

① 클라이언트의 저항감과 양가감정 해소
② 클라이언트와의 긍정적 관계 형성
③ 클라이언트의 문제해결을 위한 개입 전략 수립
④ 클라이언트가 기관의 서비스를 받을 수 있는지 자격 여부 결정

02
「정신건강증진 및 정신질환자 복지서비스 지원에 관한 법률」상 정신질환자 또는 정신건강상 문제가 있는 사람 중 대통령령으로 정하는 사람의 사회적응을 위한 각종 훈련과 생활지도를 하는 시설은?

① 정신건강복지센터
② 정신재활시설
③ 정신요양시설
④ 정신의료기관

03
시장실패(market failure)에 대한 설명으로 옳지 않은 것은?

① 시장 기능만으로는 자원이 효율적으로 배분되지 못하는 것을 말한다.
② 불완전 경쟁이나 파생적 외부성은 시장실패를 유발할 수 있다.
③ 서비스나 재화가 공공재이거나 외부효과가 큰 경우 시장실패를 유발할 수 있다.
④ 시장실패는 시장에 대한 국가 개입이 필요한 근거가 된다.

04
조사설계에 대한 설명으로 옳지 않은 것은?

① 실험설계에서는 무작위 할당을 통해 실험집단과 통제집단을 둔다.
② 실험설계에서는 실험집단에는 개입을 제공하지만, 통제집단에는 개입을 제공하지 않는다.
③ 유사실험설계는 실험설계보다 내적 타당도가 떨어진다.
④ 단일사례설계는 항상 기초선단계(A)부터 시작하며, 개입 전 기초선 상태를 개입 후와 비교하여 개입효과를 증명한다.

05 에스핑-앤더슨(Esping-Andersen)의 복지국가 유형화에 대한 설명으로 옳지 않은 것은?

① 복지국가가 발달할수록 탈상품화 수준이 높다.
② 조합주의 복지국가는 사회민주주의 복지국가보다 탈상품화 정도가 낮다.
③ 자유주의 복지국가에서는 사회정책이 계층화를 강화하는 방향으로 작용한다.
④ 독일과 프랑스가 속하는 복지국가 유형은 탈상품화의 정도가 가장 높은 것으로 평가된다.

06 사회복지실천모델에 대한 설명으로 옳은 것을 모두 고르면?

ㄱ. 위기개입모델은 클라이언트의 위기 이전 기능 수준 회복과 심리내적 통찰에 일차적 목표를 두는 단기개입모델이다.
ㄴ. 인지행동모델은 클라이언트의 주관적 경험의 독특성을 중시하고, 구조화되고 교육적인 접근을 한다.
ㄷ. 과제중심모델은 클라이언트가 가진 강점과 자원에 초점을 두고, 클라이언트의 역량을 강화 또는 향상시키는 것을 강조하는 모델이다.
ㄹ. 심리사회모델은 클라이언트를 '상황 속의 인간'으로 이해하며, 과거 경험이 현재 상태에 미치는 영향을 중시한다.

① ㄱ, ㄴ, ㄷ
② ㄱ, ㄹ
③ ㄴ, ㄷ
④ ㄴ, ㄹ

07 사회복지서비스 기관들이 관료제 환경에서 나타내기 쉬운 병폐 중 다음에서 설명하는 것은?

일 처리를 위한 규정과 절차가 너무 세세하고 복잡하여 효율적인 업무수행에 방해가 되는 현상

① 레드 테이프(red tape)
② 서비스 과활용(over-utilization)
③ 매몰 비용(sunk cost) 효과
④ 크리밍(creaming) 현상

08 다음에서 설명하고 있는 체계이론의 용어는?

• 체계가 폐쇄적일 때 나타나는 경향이다.
• 새로운 자원이나 에너지가 유입되지 못하거나 불필요한 것들이 외부로 빠져나가지 못해 체계 내에 잔류하게 되면 시간이 지나면서 모든 요소들이 비슷해지기 시작하고 결과적으로 효과적인 기능이 상실된다.

① 홀론(holon)
② 항상성(homeostasis)
③ 엔트로피(entropy)
④ 역엔트로피(negentropy)

09 국민기초생활보장제도의 급여 유형에 해당하지 않는 것은?

① 주거급여
② 요양급여
③ 자활급여
④ 교육급여

10 제시된 가족문제의 해결에 가장 적절한 가족치료의 연결이 옳은 것을 모두 고르면?

> ㄱ. 가족성원 간 충성심이 부족하고 가족으로서의 보호 기능 수행이 어려운 유리가족 – 구조적 가족치료
> ㄴ. 원가족과 적절히 분화되지 못해 삼각관계가 형성된 가족 – 전략적 가족치료
> ㄷ. 서로를 무시하는 비난형 의사소통을 주로 사용하는 가족 – 경험적 가족치료

① ㄱ, ㄴ
② ㄴ, ㄷ
③ ㄱ, ㄷ
④ ㄱ, ㄴ, ㄷ

11 최근 한국 가족 변화의 특징에 대한 설명으로 옳지 않은 것은?

① 가족주기의 변화로 자녀출산 완료 이후 자녀의 결혼이 시작되기 전까지의 확대완료기가 짧아지고 있다.
② 과거와 비교해 소규모화되고 형태가 다양해졌다.
③ 출산율이 하락하고 이혼률이 증가하고 있다.
④ 고령화로 인해 노인단독 가구와 독거노인 가구가 증가하고 있다.

12 사회복지조사에 대한 설명으로 옳은 것은?

① 실제 시간보다 항상 10분씩 빠른 시계가 있다면, 이 시계는 신뢰도가 낮다고 할 수 있다.
② 두 변수 간 인과관계의 확인을 위해서는 공변성, 시간적 우선성, 통제성의 3가지 조건이 필요하다.
③ 동일한 측정도구로 사전검사와 사후검사를 실시하는 경우 도구효과가 내적 타당도를 저해할 수 있다.
④ 조사 반응성(research reactivity)이 높을수록 외적 타당성이 높다.

13 현물급여에 비해 현금급여가 가지는 장점이 아닌 것은?

① 선택의 자유를 극대화할 수 있다.
② 운영비용을 절감할 수 있다.
③ 정책목표를 보다 효율적으로 달성할 수 있다.
④ 급여의 수급 및 사용 과정에서 발생할 수 있는 사회적 낙인을 줄일 수 있다.

14 장애인복지모델 중 개별적 모델(individual model)과 사회적 모델(social model)에 대한 설명으로 옳지 않은 것은?

① 개별적 모델에서는 장애를 개인이 가진 의학적, 기능적 문제로 간주한다.
② 사회적 모델에서는 장애를 사회적 환경에 의해 만들어진 차별과 배제 등과 같은 부적절한 조건들로부터 비롯된 문제로 본다.
③ 개별적 모델에서는 장애인의 물리적·문화적·사회심리적 욕구에 대해 해당 사회가 적절한 서비스를 제공하는 데 실패하여 문제가 발생한다고 본다.
④ 사회적 모델은 장애인이 전 영역의 사회생활에 온전히 참여할 수 있도록 하기 위한 환경적 변화를 강조한다.

15 사례관리(case management)의 등장배경으로 옳지 않은 것은?

① 전문주의 실천의 강조
② 서비스 제공에서의 비용효율성 강조
③ 탈시설화와 지역사회 중심의 보호 강조
④ 서비스 간 연계와 조정의 필요성 증가

16 제3의 길에 대한 설명으로 옳지 않은 것은?

① 1990년 후반 영국 토니 블레어 노동당 정부가 내세운 적극적 복지 전략이다.
② 인적자원 개발을 강조하는 사회투자국가의 논리를 강조한다.
③ 복지다원주의를 추구한다.
④ 시민의 삶을 부양하는 국가 책임의 증진과 공공복지 강화를 강조한다.

17 사회복지관에 대한 설명으로 옳지 않은 것은?

① 「사회복지사업법」에 근거한 사회복지시설이다.
② 지역사회를 기반으로 일정한 시설과 전문인력을 갖추고 지역주민의 참여와 협력을 통하여 지역사회의 복지문제를 예방하고 해결하기 위하여 종합적인 복지서비스를 제공하는 시설이다.
③ 사회복지관의 기능은 크게 사례관리 기능, 서비스 제공 기능, 지역조직화 기능으로 구분된다.
④ 지역사회연계사업, 지역욕구조사, 실습지도는 사회복지관의 서비스 제공 기능에 해당한다.

18 비에스텍(F. Biestek)이 사회복지실천에서 클라이언트와 관계를 형성하기 위한 기본원칙으로 제시한 것 중 하나인 개별화에 해당하는 설명을 모두 고르면?

> ㄱ. 고유한 존재로 대우받고 싶은 클라이언트의 욕구에 기반을 둔 관계의 원칙이다.
> ㄴ. 클라이언트를 각각 개별적인 특징을 가진 존재로 인정하는 것이다.
> ㄷ. 클라이언트의 문제해결을 위해서 표준화된 원리나 방법을 활용하는 것이다.
> ㄹ. 클라이언트의 상황과 자신의 개인적 감정을 분리하여야 하며, 클라이언트의 감정에 대해 목적을 가지고 적절히 반응하여야 한다.

① ㄱ, ㄴ
② ㄱ, ㄴ, ㄹ
③ ㄴ, ㄷ
④ ㄷ, ㄹ

19 사회복지 대상의 선정기준 중 보편주의(universalism)에 대한 설명으로 옳지 않은 것은?

① 제도적 개념의 사회복지에서 더 선호된다.
② 예외주의 이념에 기반을 두고 있다
③ 선별주의에 비해 상대적으로 소득재분배의 효과가 작다.
④ 선별주의에 비해 비용효과성보다 사회적 효과성을 더 강조한다.

20 「노인장기요양보험법」의 규정으로 옳지 않은 것은?

① "노인등"이란 65세 이상의 노인 또는 65세 미만의 자로서 치매·뇌혈관성질환 등 대통령령으로 정하는 노인성 질병을 가진 장애인을 말한다.
② "장기요양사업"이란 장기요양보험료, 국가 및 지방자치단체의 부담금 등을 재원으로 하여 노인 등에게 장기요양급여를 제공하는 사업을 말한다.
③ "장기요양급여"란 6개월 이상 동안 혼자서 일상생활을 수행하기 어렵다고 인정되는 자에게 신체활동·가사활동의 지원 또는 간병 등의 서비스나 이에 갈음하여 지급하는 현금 등을 말한다.
④ 장기요양보험사업은 보건복지부장관이 관장하며, 장기요양보험사업의 보험자는 국민건강보험공단으로 한다.

동형모의고사 1
기출재조합형 중심

제3회

학습일자 _____

풀이시간 _____

점 수 _____

가장 좋은 방법은
원하는 미래를 예측하는 것이 아니라 만드는 것이다.
- 피터 드러커(Peter Drucker)

01 사회복지사업법령상 사회복지관의 서비스 제공 기능에 해당하는 사업에 해당하지 않는 것은?

① 지역사회보호
② 교육문화
③ 자원개발 및 관리
④ 가족기능 강화

02 질적조사의 특징으로 옳지 않은 것은?

① 결과 자체보다 그러한 결과에 도달하게 된 과정과 맥락을 이해하는 것이 중요하다.
② 양적조사에 비해 현상에 대한 심층적인 이해와 일반화 가능성이 높다.
③ 상황에 따라 조사절차가 유연하게 변경될 수 있다.
④ 조사자의 생각과 해석이 의미 있는 자료로 간주된다.

03 우리나라의 사회보장제도에 대한 설명으로 옳지 않은 것은?

① 노인장기요양보험제도에서는 장기요양급여로 '가족요양비'를 인정하고 있다.
② 국민기초생활보장제도에서 모든 법정급여의 수급자 선정기준은 동일하다.
③ 기초연금제도는 노인에게 안정적인 소득 기반을 제공함으로써 노인의 생활 안정을 지원하고 복지를 증진함을 목적으로 한다.
④ 장애인연금의 부가급여는 연령에 따라 차등적으로 지급된다.

04 사회복지실천에서 다음과 같은 내용을 사정(assessment)하고자 할 때 가장 적합한 사정도구를 바르게 연결한 것은?

> (가) 클라이언트와 외부 체계와의 관계에서 자원 교환이나 에너지의 흐름 등을 파악
> (나) 집단 내 소외자, 하위집단, 연합 등을 파악

	(가)	(나)
①	소시오그램	생태도
②	생태도	가계도
③	가계도	소시오그램
④	생태도	소시오그램

05 사례관리(case management)의 과정을 순서대로 바르게 나열한 것은?

① 아웃리치→기획→사정→개입→점검→평가
② 아웃리치→사정→기획→개입→점검→평가
③ 사정→기획→아웃리치→점검→개입→평가
④ 기획→사정→점검→아웃리치→개입→평가

06 자선조직협회와 인보관운동에 대한 설명으로 옳은 것은?

① 인보관운동에서는 우애방문원을 통해 가정방문 및 조사, 지원활동을 실시하였다.
② 자선조직협회는 빈곤의 원인을 사회환경과 구조의 문제로 인식했으며, 중복 구빈을 없애서 빈민에 대한 적절한 조사를 통해 알맞은 원조를 제공하는 것을 목적으로 하였다.
③ 인보관운동에서는 빈민보호를 위한 조직화와 입법활동 등을 통하여 사회개혁에 힘썼다.
④ 자선조직협회와 인보관은 빈곤문제 해결을 위해 정부가 주도하여 설립한 것이다.

07 길버트와 테렐(Gilbert & Terrell)이 분류한 사회복지급여 할당의 원리와 사례의 연결이 옳지 않은 것은?

① 보상 – 사회보험 가입자들에게 사회적 위험이 발생했을 때 급여 지급
② 진단적 구분 – 일상생활과 사회생활을 하기 어려운 장애인에게 활동지원급여 지급
③ 자산조사 – 저소득 가구에 생계급여 지급
④ 귀속적 욕구 – 장애인의무고용제도를 통해 그동안 취업기회에서 배제되었던 장애인들에게 취업기회 제공

08 다음 내용은 로스만(J. Rothman)이 분류한 지역사회복지 실천모델 중 지역사회개발모델에 대한 설명이다. 설명이 잘못 서술된 부분은?

> ①자조기반에 근거하여 지역사회문제 해결을 위한 ②지역사회능력과 사회통합이라는 ③과업목표를 통해 지역사회를 새롭게 만들고 ④주민의 문제해결능력을 강화하는 데 초점을 두고 있다.

① 자조기반에 근거
② 지역사회능력과 사회통합
③ 과업목표
④ 주민의 문제해결능력을 강화

09 아동복지에 대한 설명으로 옳은 것만을 모두 고르면?

ㄱ. 아동전용시설은 아동의 보호·교육, 건전한 놀이와 오락의 제공, 보호자와 지역사회의 연계 등 아동의 건전육성을 위하여 종합적인 아동복지서비스를 제공하는 시설을 말한다.
ㄴ. 카두신이 분류한 아동복지서비스 유형 중 보충적 서비스는 가족과 부모-자녀 관계체계가 스트레스에 노출될 경우 아동복지에서의 초기 문제를 다루는 제1차 방어선의 역할을 하는 것으로, 가족의 기능이 원활하게 수행될 수 있도록 지원해 주는 제반의 가족기반 서비스이다.
ㄷ. 「입양특례법」에 따라 국내에 입양된 18세 미만의 아동은 의료급여 수급권자에 해당한다.
ㄹ. 드림스타트 사업에서는 취약계층의 아동에게 건강, 기초학습, 사회성 함양, 부모 양육 지도 등 맞춤형 통합서비스를 제공한다.

① ㄱ, ㄹ
② ㄴ, ㄷ
③ ㄷ, ㄹ
④ ㄴ, ㄷ, ㄹ

10 에스핑-앤더슨(Esping-Andersen)이 복지국가를 유형화한 기준에 해당하지 않는 것은?

① 사회권이 발전한 정도
② 복지에 대한 국가와 시장의 역할 분담
③ 사람들이 시장 질서에 의존하지 않고 생계를 유지할 수 있는 정도
④ 사회 내 계급과 신분의 균열의 정도

11 보편주의(universalism)의 특징에 해당하는 것은?

① 집단지향적 할당
② 기여자와 수혜자의 구별
③ 높은 소득재분배 효과
④ 정책목표의 특정화에 용이

12 다음 각 제도에서 기대할 수 있는 주요한 소득재분배 효과를 옳게 연결한 것을 모두 고르면?

ㄱ. 아동수당 - 수평적 재분배
ㄴ. 국민기초생활보장제도 - 수직적 재분배
ㄷ. 연금재정방식 중 '부과방식' 연금제도 - 세대 내 재분배
ㄹ. 연금재정방식 중 '적립방식' 연금제도 - 세대 간 재분배

① ㄱ, ㄴ
② ㄷ, ㄹ
③ ㄱ, ㄴ, ㄷ
④ ㄴ, ㄷ, ㄹ

13. 다음 개입사례에서 사회복지사가 적용한 사회복지실천기술은?

> "당신은 평소 다른 사람들에게는 행복은 성적순이 아니라고 말하지만 정작 당신의 자녀에게는 1등이 아니면 낙오자일 뿐이라고 말하는군요."

① 환기(ventilation)
② 직면(confrontation)
③ 재보증(reassurance)
④ 해석(interpretation)

14. 사회복지행정 조직이론에 대한 설명으로 옳은 것은?

① 관료제이론 – 조직 내의 정의적 관계와 직원들의 사회심리적인 욕구를 중요시한다.
② 인간관계이론 – 개개인의 기본동작과 소요시간의 표준화, 수행과정과 보상의 연결 등을 통한 관리를 강조한다.
③ 정치경제이론 – 조직의 생존과 서비스의 생산에 필요한 정치적 자원과 경제적 자원을 확보하는 것이 중요하다고 강조한다.
④ 과학적 관리론 – 계층제적 권한구조, 정책과 행정 결정의 분리 등을 특징으로 한다.

15. 「노인복지법」상 동일한 종류의 노인복지시설로만 묶인 것은?

① 노인공동생활가정, 노인요양공동생활가정
② 양로시설, 노인요양시설
③ 경로당, 노인교실
④ 노인복지관, 노인복지주택

16. 비에스텍(F. Biestek)의 관계 원칙에 대한 설명으로 옳은 것은?

① 비심판적 태도는 문제의 원인이 클라이언트의 잘못에 의한 것인지 아닌지 심판하지 않으며, 클라이언트의 특성 및 가치관을 비난하지 않아야 함을 의미한다.
② 비밀보장은 원조관계에서 알게 된 클라이언트에 대한 정보는 반드시 비밀을 보호해야 함을 의미한다.
③ 수용은 클라이언트를 있는 그대로 받아들여 문제행동도 옳다고 인정하고 받아들여야 함을 의미한다.
④ 통제된 정서적 관여는 클라이언트가 지나치게 감정적으로 흐르지 않도록 도와야 함을 의미한다.

17 학교사회복지실천모델에 대한 설명이 옳지 않은 것은?

① 전통적 임상 모델은 학업성취나 학교적응에 방해되는 심리·사회적 문제를 가진 개별 학생에 대해 개입하고 필요한 경우 그 가족들을 개입 대상으로 삼는다.
② 학교변화 모델에서의 주된 표적체계는 학교의 규칙이나 교직원 등이 될 수 있다.
③ 지역사회-학교 모델에서는 학교교육의 성과를 달성하기 위해 학교와 지역사회 사이의 유기적인 협력시스템의 구축이 무엇보다 중요하고 본다.
④ 학교-지역사회-학생 관계 모델에서는 학교과 지역사회에 부적응하는 학생의 심리적 문제에 개입의 초점을 맞춘다.

18 사회복지정책 결정모형 중 점증모형에 대한 설명은?

① 새로운 정책은 여론의 반응을 보면서 과거 정책을 약간만 수정하는 선에서 결정된다.
② 정책결정은 다양한 이익을 추구하는 이익집단들 간 경쟁의 산물이다.
③ 정책 대안들의 결과를 정확히 예측하고 비용편익 혹은 비용효과를 정확히 산출할 수 있다고 가정한다.
④ 정책결정은 조직화된 무정부 상태 속에서 나타나는 몇 가지 흐름에 의해 우연히 이루어진다.

19 사회복지 예산 모형에 대한 설명으로 옳은 것을 모두 고르면?

ㄱ. 품목별예산은 지출근거가 명확해 예산통제에 효과적이다.
ㄴ. 성과주의예산은 기관이 성취하고자 하는 성과나 목표를 제시한다.
ㄷ. 기획예산은 사업계획을 세부사업으로 분류하고 각 세부사업을 '단위원가×업무량=예산액'으로 표시하여 편성한다.
ㄹ. 영기준예산은 전년도 예산을 고려하지 않고 모든 프로그램의 정당성을 매년 새롭게 마련한다.

① ㄱ, ㄴ ② ㄱ, ㄹ
③ ㄴ, ㄷ ④ ㄷ, ㄹ

20 사회복지서비스 전달체계에 대한 설명으로 옳은 것을 모두 고르면?

ㄱ. 사회복지서비스를 사회복지 수혜자에게 제공함에 있어, 서비스 공급자 간, 그리고 공급자와 수혜자 간을 연결시키기 위한 조직적 장치를 말한다.
ㄴ. 사회복지서비스 전달 주체에 따라 정부부문(중앙정부, 지방정부), 중앙정부와 지방정부의 혼합체계, 정부와 민간부문의 혼합체계, 순수민간부문 등으로 구분할 수 있다.
ㄷ. 사회복지의 초기 발전단계에서는 가족, 이웃, 지역사회 등 민간부문이 중요한 역할을 담당하였다.
ㄹ. 중앙정부와 지방정부 간의 혼합체계는 대부분 중앙정부가 지방정부에 재정을 보조하고, 지방정부가 서비스를 전달하는 역할을 담당하는 형태를 취한다.

① ㄱ, ㄴ ② ㄷ, ㄹ
③ ㄴ, ㄷ, ㄹ ④ ㄱ, ㄴ, ㄷ, ㄹ

동형모의고사 1
기출재조합형 중심

제4회

학습일자 _____

풀이시간 _____

점 수 _____

물 속에서 꽃이 피어날 때까지 포기하지 마라.

– 달라이 라마

01. 집단 대상 사회복지실천에 대한 설명으로 옳지 않은 것은?

① 지지집단은 교육집단보다 집단성원의 자기개방 수준이 높다.
② 사회적 목표모델은 집단성원의 공생적인 상호원조체계 개발을 목적으로 한다.
③ 소시오그램을 통해 하위집단 형성 여부와 소외된 성원 유무를 파악할 수 있다.
④ 집단발달단계 중 집단성원 간 불안과 긴장이 가장 높은 단계는 초기단계이다.

02. 사회복지시설의 유형과 사례의 연결이 옳지 않은 것은?

① 1차 기관 - 장애인복지관
② 2차 기관 - 학교
③ 생활시설 - 청소년쉼터
④ 이용시설 - 양로시설

03. 「사회보장기본법」의 규정으로 옳은 것은?

① 사회보장수급권은 정당한 권한이 있는 기관에 구두로 통지하여 포기할 수 있다.
② 사회보장수급권의 포기는 취소할 수 없다.
③ 국가와 지방자치단계는 모든 국민이 건강하고 문화적인 생활을 유지할 수 있도록 사회보장급여의 수준 향상을 위하여 노력하여야 한다.
④ 사회보험과 공공부조는 국가의 책임으로 시행하고, 사회서비스는 국가와 지방자치단체의 책임으로 시행하는 것을 원칙으로 한다.

04. 「노인장기요양보험법」상 방문목욕의 급여 유형과 형태는?

① 재가급여 - 현물
② 재가급여 - 기회
③ 시설급여 - 바우처
④ 시설급여 - 현금

05 다음 사회보장제도 중 소득재분배 효과가 가장 좋은 것은?

① 장애연금
② 공무원연금
③ 장애인연금
④ 아동수당

06 가족사회복지실천모델의 기본 가정과 주된 개입기법에 대한 설명으로 옳지 않은 것은?

모델	기본 가정	주된 기법
① 구조적 가족치료	역기능적인 가족구조로 인해 가족문제가 비롯된다.	경계 만들기
② 해결중심 가족치료	인간은 누구나 문제해결능력을 가지고 있으며 변화는 불가피하다.	대처질문
③ 이야기 가족치료	외적으로는 같은 현상이라도 개인에 따라 다르게 구성될 수 있다.	외재화
④ 경험적 가족치료	가족문제는 가족성원이 지나치게 밀착되거나 유리되어 있는 경우 발생한다.	탈삼각화

07 프로그램평가검토기법(Program Evaluation Review Technique)에 대한 설명으로 옳지 않은 것은?

① 프로젝트의 목표에 따라 이와 관련된 과업과 활동, 세부활동 간의 관계를 논리적으로 시간 순서에 따라 도식화한 것이다.
② 각 활동들에 대한 예상 시간을 구함으로써 프로젝트의 시작에서 종료에 이르기까지 예상되는 총 소요시간을 도출할 수 있다.
③ 임계경로(critical path)란 가장 시간이 짧게 걸리는 활동들의 경로를 말한다.
④ 개별 활동들을 앞당기거나 늦추는 것이 전체 프로젝트에 미칠 영향력을 파악할 수 있게 해준다.

08 테일러-구비(Taylor-Gooby)가 제시한 새로운 사회적 위험에 해당하지 않는 것은?

① 4차 산업혁명의 여파로 정보소외계층의 사회부적응 문제가 심화되었다.
② 노인인구가 증가하면서 노인돌봄에 대한 국가와 가정의 부담이 증대하였다.
③ 여성의 경제활동참여가 증가하면서 일-가정 양립에 대한 어려움이 증가하였다.
④ 생산기술이 변화하면서 저학력 노동자들의 근로빈곤과 사회적 배제가 심화되고 있다.

09 효과적인 리더십은 상황에 따라 다르다는 입장을 보인 리더십이론에 해당하지 않는 학자는?

① 피들러(Fiedler)
② 허시와 블랜차드(Hersey & Blanchard)
③ 블레이크와 머튼(Blake & Mouton)
④ 하우스(House)

10 방어기제에 대한 설명으로 옳지 않은 것은?

① 스스로를 보호하기 위해 자아가 무의식적으로 작동하는 심리기제이다.
② 주로 사용하는 방어기제를 통해 그 사람의 성격적 특성을 알 수 있다.
③ 방어기제의 적절한 사용은 긍정적 결과도 가져온다.
④ 한 사람은 한 번에 하나의 방어기제만을 사용한다.

11 다음 설명에 해당하는 조사방법은?

> 특정한 주제나 관심, 욕구와 관련 있는 소수의 사람들을 한 자리에 모아 집단역동성을 이용하여 의견을 개진하게 하고 그 의견을 심도 있게 듣는 방법이다.

① 델파이기법
② 초점집단인터뷰
③ 근거이론
④ 패널조사

12 복지국가의 발달을 설명하는 이론 중 다음의 주장과 가장 밀접한 이론은?

> • 사회적 분배를 둘러싼 다양한 이익집단들의 경쟁에서 정치적 힘이 강해진 특정 이익집단의 요구를 정치인들이 수용하면서 해당 집단의 이익에 부합하는 방향으로 사회복지정책을 수립한다.
> • 이익집단 간 상충되는 이해관계에 대한 국가의 중재자 역할을 강조한다.

① 국가중심이론
② 이익집단정치이론
③ 산업화이론
④ 사회민주주의이론

13 비스텍(Biestek)의 전문적 관계 형성 원칙에 대한 설명이 옳지 않은 것은?

① 수용은 여러 약점에도 불구하고 가치 있고 존엄한 존재로 인정받고 싶은 클라이언트의 욕구에 바탕을 둔다.
② 개별화는 하나의 사례(case)로 취급되지 않고 고유한 존재로 대우받고 싶은 클라이언트의 욕구에 바탕을 둔다.
③ 의도적인 감정표현은 자신이 표현한 감정에 대해 반응과 공감적 이해를 받고 싶은 클라이언트의 욕구에 바탕을 둔다.
④ 클라이언트에게 좀 더 나은 서비스 제공을 위해 사례회의나 슈퍼비전을 통해 기관 내·외의 전문가와 해당 클라이언트의 정보를 공유할 수 있으며, 이 경우에도 반드시 클라이언트로부터 고지된 동의를 얻어야 한다.

14 한 사회의 모든 구성원들이 같은 소득을 갖는 완전한 평등을 의미하는 것이 아닌 것은?

① 로렌츠곡선의 45도 대각선
② 지니계수 = 1
③ 10분위분배율 = 2
④ 5분위배율 = 1

15 콤튼(Compton)과 갤러웨이(Galaway)의 6가지 사회복지 실천체계 중 다음 사례에서 제시되고 있지 않은 것은?

> A가정의 남편은 자상하고 가정적이었지만 술을 마시기만 하면 늘 아내를 폭행하였다. 남편의 문제를 해결하기 위해 아내는 B복지관의 사회복지사를 찾아가 남편의 행동을 변화시켜 줄 것을 요청하였다. 이에 사회복지사는 A가정의 아내와 계약을 맺고, 남편의 폭행을 근절시키기 위해 가족치료전문가의 도움을 받아 어제부터 개입하기 시작하였다.

① 전문가체계
② 클라이언트체계
③ 표적체계
④ 행동체계

16 다음에 제시된 우리나라의 사회보장제도 중 '귀속적 욕구'에 따라 급여를 할당하는 것은?

① 국민기초생활보장
② 국민건강보험
③ 긴급복지지원
④ 부모급여

17 단일사례설계에 대한 설명으로 옳지 않은 것은?

① 단일사례조사에서 개입은 종속변수가 된다.
② 개입의 효과성에 대해 즉각적인 피드백을 제공할 수 있다.
③ 외적 타당도가 낮다는 한계가 있다.
④ 단일사례조사 분석 방법 가운데 경향선 접근은 기초선이 불안정할 때 사용한다.

18 사회복지조직이론에 대한 설명으로 옳은 것은?

① X이론은 조직상황에 적응적인 조직구조의 구축을 강조한다.
② 상황이론은 조직 내 갈등의 순기능을 강조한다.
③ 제도이론은 조직을 둘러싼 제도적 환경이 조직의 특성과 형태를 결정한다고 보는 개방체계적 관점이다.
④ 관료제이론은 조직 내부의 개별 구성원의 행동과 조직 외부의 환경에 대한 이해가 중요하다고 가정한다.

19 윌렌스키(Wilensky)와 르보(Lebeaux)가 제시한 사회복지의 제도적 개념과 잔여적 개념에 대한 설명으로 옳지 않은 것은?

① 잔여적 개념으로서의 사회복지는 사회를 유지하는 데 필수적인 기능을 수행한다.
② 제도적 개념으로서의 사회복지는 빈곤, 실업 등 사회문제가 발생하는 주된 원인이 사회구조적 모순에 있다고 본다.
③ 제도적 개념으로서의 사회복지는 사회복지대상자에 대한 낙인감(stigma)을 수반하지 않는 것을 기본전제로 한다.
④ 잔여적 개념으로서의 사회복지는 보충적, 일시적, 대체적 성격을 지닌다.

20 다음은 우리나라의 대표적인 공공부조 관련 법령이다. 각 법령의 제정 시기를 먼저 제정된 것부터 순서대로 옳게 나열한 것은?

ㄱ. 「국민기초생활 보장법」
ㄴ. 「장애인연금법」
ㄷ. 「기초연금법」
ㄹ. 「긴급복지지원법」

① ㄱ-ㄴ-ㄹ-ㄷ
② ㄱ-ㄹ-ㄴ-ㄷ
③ ㄴ-ㄱ-ㄹ-ㄷ
④ ㄹ-ㄱ-ㄷ-ㄴ

동형모의고사 1
기출재조합형 중심

제5회

학습일자 _____

풀이시간 _____

점   수 _____

노력과 꿈을 가진 자는 어떠한 어려움에도 지지 않는다.
- 괴테

01 강점관점(strength perspective)에 대한 설명으로 옳은 것만을 모두 고르면?

> ㄱ. 샐리베이(Saleebey)가 소개한 사회복지실천 관점이다.
> ㄴ. 클라이언트의 주변 환경에는 활용가능한 자원이 매우 부족하므로 무엇보다 자원을 연결하는 사회복지사의 역할이 중요하다.
> ㄷ. 해결해야 할 과제에 대한 사회복지사의 전문성을 강조한다.
> ㄹ. 클라이언트의 '문제나 결핍'보다는 클라이언트의 '내적 혹은 외적 자원'을 더욱 강조하고 활용한다.

① ㄱ, ㄴ, ㄹ
② ㄴ, ㄹ
③ ㄱ, ㄹ
④ ㄴ, ㄷ

02 엘리자베스 구빈법(The Elizabethan Poor Law, 1601)에 대한 설명으로 옳지 않은 것은?

① 노동능력에 따라 빈민을 구분하고 차등적으로 처우하였다.
② 구빈을 조직화하여 구빈행정을 효율적으로 운영하기 위해 제정되었으며, 빈민의 수용 구호를 원칙으로 하는 기존 작업장 제도를 완화했다.
③ 빈민구제에 대한 가족의 1차적 책임을 강조하였다.
④ 빈민구호에 대한 국가의 책임을 인정하였으며, 빈민구호에 대한 국가 행정제도를 공식화하였다.

03 복지국가 전성기의 이념적 기반에 해당하는 것을 모두 고르면?

> ㄱ. 제3의 길
> ㄴ. 케인즈주의
> ㄷ. 사회민주주의
> ㄹ. 마르크스주의

① ㄱ, ㄴ
② ㄴ, ㄷ
③ ㄷ, ㄹ
④ ㄱ, ㄴ, ㄷ

04 로스만(J. Rothman)이 제시한 지역사회복지실천모델 중 지역사회개발모델에 해당하는 설명은?

① 사회복지사는 분석가와 계획가의 역할을 수행한다.
② 이의제기, 데모 등 대항전략을 많이 사용한다.
③ 지역사회 주민 스스로의 활동 능력 배양을 통한 자조, 자립의 과정을 중시한다.
④ 지역사회 내 권력관계와 자원 및 제도 변화를 활동의 목표로 삼는다.

05 핀커스와 미나한(Pincus & Minahan)이 제시한 사회복지실천의 네 가지 체계에 해당하지 않는 것은?

① 의뢰-응답체계
② 변화매개체계
③ 행동체계
④ 표적체계

06 다음의 상황에서 사회복지사 A가 겪을 수 있는 윤리적 쟁점은?

> 아동상담소의 사회복지사 A는 자신이 상담 중인 학교폭력 피해자 A군의 부모로부터 부모가 이혼을 고려하고 있으며 이 사실을 A군이 모르게 해달라는 요청을 받았다.

① 제한된 자원의 공정한 분배
② 전문적 관계의 유지
③ 진실성 고수와 알 권리
④ 상충되는 의무와 기대

07 사회복지사 윤리강령의 기능에 대한 설명으로 옳지 않은 것은?

① 사회복지가치에 적합한 실천을 하였는가에 대한 판단기준을 제공한다.
② 사회복지실천 현장에서 윤리적 갈등이 생겼을 때 의사결정의 지침과 원칙을 제공한다.
③ 사회복지사가 스스로 자기규제를 할 수 있게 함으로써 전문직으로서의 전문성을 확보하고 외부의 통제로부터 사회복지 전문직을 보호한다.
④ 비윤리적 실천이나 실천오류(malpractice) 소송으로부터 클라이언트를 보호하지만 사회복지사를 보호하지는 못한다.

08 다음 중 같은 유형의 노인복지시설끼리 옳게 묶인 것은?

① 주간보호시설, 경로당
② 노인복지주택, 단기보호시설
③ 노인복지관, 노인교실
④ 양로시설, 노인요양시설

09 에릭슨(Erikson)의 심리사회적 발달단계에서 초기 아동기(생후 18~36개월)의 심리사회적 위기는?

① 자율 대 수치와 의심
② 친밀감 대 고립감
③ 근면 대 열등감
④ 주도성 대 죄의식

11 인지행동모델의 개입기법이 아닌 것은?

① 체계적 둔감화
② 훈습
③ 인지재구조화
④ 모델링

10 우리나라의 공적연금 제도 중 사회보험 방식의 공적연금이 아닌 것은?

① 장애인연금
② 공무원연금
③ 국민연금
④ 사립학교교직원연금

12 장애인복지와 관련된 설명으로 옳은 것은?

① 세계보건기구(WHO)가 2001년에 발표한 새로운 국제장애분류체계 ICF는 장애를 손상(impairment), 능력저하(disability), 사회적 불리(handicap)로 구분한다.
② 18세 이상의 모든 장애인 중 하위 소득 70%에 해당하는 사람에게 장애인연금을 지급한다.
③ 「장애인복지법」에서는 장애 유형을 신체적 장애, 정신적 장애, 사회적 장애로 구분한다.
④ 「장애인복지법」에서 명시하고 있는 장애인복지의 기본 이념은 장애인의 완전한 사회참여와 평등을 통해 사회통합을 이루는 데 있다.

13 윌렌스키와 르보(Wilensky & Lebeaux)가 분류한 사회복지의 관점에 대한 설명으로 옳지 않은 것은?

① 사회복지제도와 다른 사회제도의 관계를 어떻게 규정하는가에 따라 사회복지의 개념을 잔여적 관점과 제도적 관점으로 나누었다.
② 제도적 관점에서는 사회복지가 그 사회의 필수적이고 정상적인 제일선(first line)의 기능을 수행한다고 본다.
③ 잔여적 관점에서는 사회복지제도가 다른 사회제도의 기능과 구별되는 주요 기능으로 사회구성원 간 상부상조 기능을 수행한다고 본다.
④ 사회문제의 발생 원인에 대해 제도적 관점은 사회구조적 책임을, 잔여적 관점은 개인적 책임을 강조한다.

14 「국민기초생활 보장법」의 규정으로 옳지 않은 것은?

① 생계급여는 수급자가 희망하는 경우에 수급자를 보장시설이나 타인의 가정에 위탁하여 실시할 수 있다.
② 국가 또는 시·도가 직접 수행하는 보장업무에 드는 비용은 국가 또는 해당 시·도가 부담한다.
③ 자활급여는 관련 공공기관·비영리법인·시설 등에 위탁하여 실시할 수 있으며, 이 경우 그에 드는 비용은 보장기관이 부담한다.
④ 보장기관은 이 법에 따른 급여를 개별가구 단위로 실시하여야 하고, 개인 단위로 실시하여서는 안 된다.

15 사회복지정책 분석틀과 관련된 설명으로 옳지 않은 것은?

① 할당이란 누구에게 급여를 지급할 것인가를 말한다.
② 현금급여는 현물급여에 비해 사회적 낙인을 줄일 수 있다.
③ 현물급여는 현금급여에 비해 정책의 목표효율성이 더 우수하다.
④ 사회복지서비스 전달체계로서 지방정부는 중앙정부보다 프로그램을 통합·조정하거나 프로그램을 지속적이고 안정적으로 유지하는 데 유리하다.

16 조사설계의 내적 타당도(internal validity)에 대한 설명으로 옳은 것은?

① 조사반응성(research reactivity) 및 연구표본의 대표성에 영향을 받는다.
② 조사의 연구결과를 다른 조건의 환경이나 집단으로 일반화할 수 있는 정도를 말한다.
③ 유사실험설계는 실험설계보다 내적 타당도가 높다.
④ 통계적 회귀와 도구 효과는 내적 타당도 저해요인이다.

17 정책결정모형에 대한 설명으로 옳은 것은?

① 이익집단모형에서는 정책을 다양한 이익을 추구하는 이익집단들 간 경쟁의 산물로 본다.
② 합리모형은 정책결정 체계의 성과를 최적화하기 위해 경제적 합리성과 직관, 창의력 등 초합리적 요소를 중요하게 간주하는 모형이다.
③ 최적모형은 과거의 정책결정을 기초로 하여 약간의 변화를 추구하면서 새로운 정책대안을 검토하고 점증적으로 수정하는 과정을 거친다고 본다.
④ 만족모형은 합리모형과 점증모형의 절충적인 형태로서 중요한 문제의 경우에는 합리모형에서와 같이 포괄적 관찰을 통해 기본적인 정책결정을 하고, 이후 기본적인 결정을 수정·보완하면서 세부적인 사안을 점증적으로 결정한다는 모형이다.

18 로마니쉰(Romanyshyn)이 제시한, 사회변화에 따른 사회복지 개념의 변화로 옳지 않은 것은?

① 특수성에서 보편성으로 변화
② 공공의 지원에서 민간의 지원으로 변화
③ 자선(charity)에서 시민의 권리(citizen right)로 변화
④ 개인의 변화에서 사회개혁으로 변화

19 「사회보장기본법」의 규정을 잘못 제시한 것은?

① 사회보험은 국가의 책임으로 시행하고, 공공부조와 사회서비스는 국가와 지방자치단체의 책임으로 시행하는 것을 원칙으로 한다.
② 공공부조 및 관계 법령에서 정하는 일정 소득 수준 이하의 국민에 대한 사회서비스에 드는 비용의 전부 또는 일부는 국가와 지방자치단체가 부담한다.
③ 사회보험에 드는 비용은 사용자, 피용자(被傭者) 및 자영업자가 부담하는 것을 원칙으로 하되, 관계 법령에서 정하는 바에 따라 국가와 지방자치단체가 그 비용의 일부를 부담할 수 있다.
④ 국가와 지방자치단체는 최저보장수준과 최저임금 등을 고려하여 사회보장급여의 수준을 결정하여야 한다.

20 우리나라 가족복지정책에 대한 설명으로 옳지 않은 것은?

① 임신 중인 여성 근로자가 90일의 출산전후휴가를 부여받은 경우, 휴가 기간은 출산 후 45일 이상 확보되어야 한다.
② 아이돌봄 서비스는 맞벌이 가정, 다문화가족 등 양육 부담 가정에 아이돌보미가 돌봄을 제공하는 서비스이다.
③ 어린이집 또는 유치원을 이용하지 않는 만 40개월 아동은 양육수당 지원 대상이 된다.
④ 아동수당은 8세 미만의 아동에게 지급하되, 2세 미만의 아동은 아동수당 대신 부모급여를 지급한다.

동형모의고사 1
기출재조합형 중심

제6회

학습일자 _____

풀이시간 _____

점   수 _____

고난은 자랑스러운 순간을 준비한다.
– 디와이트 D. 아이젠하워

01 사회복지 급여나 서비스의 대상자 결정에 적용되는 원칙 중 하나인 보편주의에 대한 설명으로 옳지 않은 것은?

① 시민권(citizenship)에 입각해 하나의 권리로 복지 서비스를 제공하고, 복지 수급자격과 기준을 균등화한다.
② 대상자 선정 과정에서의 행정비용이 선별주의보다 감소한다는 장점이 있다.
③ 원조의 필요가 있다고 인정된 사람들만을 복지 서비스의 대상으로 한다.
④ 사회통합에 효과적이다.

02 카두신(Kadushin)이 분류한 아동복지서비스를 기준으로 할 때, 같은 유형의 서비스끼리 묶이지 않은 것은?

① 입양, 보육서비스
② 가정봉사원 파견, 아동양육비 지원
③ 가정위탁, 공동생활가정
④ 부모교육, 아동상담

03 「청소년복지 지원법」상 청소년복지시설의 종류에 해당하지 않는 것은?

① 청소년쉼터
② 청소년보호시설
③ 청소년치료재활센터
④ 청소년회복지원시설

04 사회복지사가 수행하는 역할에 대한 설명으로 옳지 않은 것은?

① 중개자(broker)의 역할은 클라이언트에게 적합한 자원이나 서비스를 연결한다.
② 조정자(coordinator)의 역할은 갈등하고 있는 양자 간의 타협 또는 문제의 해결을 위해 중립을 유지하며 돕는다.
③ 조력자(enabler)의 역할은 개인이나 가족이 그들 자신의 욕구를 파악하고 문제를 명확히 규명하며, 스스로 문제를 해결할 수 있는 능력을 개발하고 필요한 자원을 찾아낼 수 있도록 돕는다.
④ 옹호자(advocator)의 역할은 부당한 처우를 당하고 있는 클라이언트의 입장을 대변하고 변호한다.

05 드림스타트(Dream Start)에 대한 설명으로 옳지 않은 것은?

① 취약계층 아동(0~12세)과 가족에게 건강, 영양, 교육, 문화, 복지 등의 맞춤형 통합서비스를 제공한다.
② 시·도가 아동통합서비스지원기관을 설치·운영한다.
③ 아동에 대한 사회투자와 공평한 출발기회의 보장을 강조한다.
④ 드림스타트 수행인력은 아동학대 신고의무자에 포함된다.

06 동일한 모집단에서 동일한 수의 표본을 추출했을 때 표집오류가 가장 작은 표집방법은?

① 층화표집
② 단순무작위표집
③ 할당표집
④ 눈덩이표집

07 에스핑-앤더슨(Esping-Andersen)의 복지국가 유형에 대한 설명으로 옳지 않은 것은?

① 사회민주주의 복지국가는 보편주의 원칙과 사회권을 통한 탈상품화 효과가 가장 크다.
② 자유주의 복지국가의 탈상품화 정도는 매우 낮다.
③ 조합주의 복지국가에서는 사회정책이 계층 간 차이를 유지하는 방향으로 작용한다.
④ 사회민주주의 복지국가에는 프랑스, 독일, 오스트리아 등 유럽 대륙 국가들이 해당된다.

08 사회복지(social welfare)에 대한 설명으로 옳지 않은 것은?

① 일반적으로 사회복지는 정책과 제도적인 측면에 초점을 두고, 사회사업은 개인이나 집단을 돕는 전문적인 방법이나 기술에 초점을 둔다.
② 윌렌스키와 르보(Wilensky&Lebeaux)는 현대 산업사회의 사회복지활동 기준으로 공식 조직, 사회 승인과 사회 책임, 이윤추구, 인간 욕구에 대한 통합적 관심, 인간 소비욕구에 대한 직접적 관심 등을 제시하였다.
③ 길버트와 스펙트(Gilbert & Specht)는 사회복지제도가 수행하는 일차적 사회기능을 상부상조라고 보았다.
④ 「대한민국헌법」에서는 사회복지의 증진에 노력할 국가의 의무를 규정하고 있다.

09 리머(F. Reamer)가 제시한 사회복지실천에서의 윤리적 결정지침에 대한 설명으로 옳지 않은 것은?

① 개인이 자발적으로 동의한 법, 규칙, 규정을 지킬 의무는 이를 위반할 권리보다 통상적으로 우선한다.
② 개인의 기본적 복지권은 그 자신의 자기결정권에 우선한다.
③ 개인의 기본적인 복지권은 타인의 자기결정권에 우선한다.
④ 개인의 복지권은 그와 갈등을 일으키는 법률, 규칙, 규정 및 지원단체들의 협정에 우선한다.

10 다음 중 현금급여에 해당하는 것을 모두 고르면?

ㄱ.「국민건강보험법」상 요양급여
ㄴ.「사회복지사업법」상 사회복지서비스
ㄷ.「국민기초생활 보장법」상 생계급여
ㄹ.「고용보험법」상 구직급여

① ㄱ, ㄴ
② ㄱ, ㄴ, ㄹ
③ ㄷ, ㄹ
④ ㄱ, ㄷ, ㄹ

11 사회복지실천의 주요 접근법에 대한 설명으로 옳지 않은 것은?

① 구조적 가족치료는 가족을 재구조화(restructuring)함으로써 가족이 적절한 기능을 수행할 수 있도록 돕는다.
② 경험적 가족치료는 직접적이고 분명한 의사소통과 개인·가족의 성장을 치료 목표로 한다.
③ 위기개입 모델은 단기적 접근으로 클라이언트가 적어도 위기 이전의 기능 수준을 회복하도록 돕는 데 일차적 목표를 둔다.
④ 인지행동모델은 강점관점(strength perspective)에 기반을 둔 모델이다.

12 인간행동과 성격에 대해 다음과 같이 주장한 학자는 누구인가?

- 행동의 학습 과정에서 인지의 역할을 강조하였으며 자기강화의 개념을 제시하였다.
- 개인의 내적 요인, 행동, 환경이 상호작용한다고 보는 상호결정론을 강조한다.
- 자신의 행동에 대한 직접적인 보상과 처벌을 통하지 않고도 관찰학습을 통해 행동의 학습이 이루어질 수 있다고 보았다.

① 반두라(Bandura)
② 피아제(Piaget)
③ 아들러(Adler)
④ 스키너(Skinner)

13 독립변수와 종속변수 사이에 인과관계가 성립할 수 있는 요건을 모두 고르면?

> ㄱ. 독립변수가 변화할 때 종속변수도 그에 따라 변화해야 한다.
> ㄴ. 종속변수는 시간적으로 독립변수보다 선행해야 한다.
> ㄷ. 종속변수에 영향을 미치는 외생변수를 통제해도 두 변수 간 관계가 유지되어야 한다.

① ㄱ
② ㄱ, ㄷ
③ ㄴ, ㄷ
④ ㄱ, ㄴ, ㄷ

14 다음 글이 설명하는 사회복지실천의 관계형성 원칙은?

> 사회복지사는 고정관념이나 편견에서 벗어나 클라이언트 개인의 독특성(uniqueness)을 존중해야 한다.

① 수용
② 자기결정
③ 개별화
④ 비심판적 태도

15 논리모형(logic model)에 대한 설명으로 옳지 않은 것은?

① 사회복지 프로그램의 기획과 평가에 활용된다.
② 체계론적 관점에서 사회복지 프로그램을 다수 요소들 간의 관계로 구조화한다.
③ 프로그램 진행인력의 수는 산출(output) 요소에 해당한다.
④ 성과(outcome)는 산출(output)의 결과로 프로그램 참여자들에게 나타나는 변화를 말한다.

16 사례관리(case management)에 대한 설명으로 옳지 않은 것은?

① 서비스 전달의 지방분권화 과정에서 등장했다.
② 복합적이고 장기적인 욕구를 갖고 있는 사람에 대한 지원활동이다.
③ 사례관리를 통해 복잡하고 분산된 서비스 체계에서 서비스의 연계성을 확보할 수 있다.
④ 클라이언트에 대한 옹호·연계·협력·조정 등의 직접적 개입기술뿐만 아니라 상담·교육·치료 등의 간접적인 개입기술을 필요로 한다.

17 서구사회의 사회복지 발달과정에 대한 설명으로 옳지 않은 것은?

① 영국에서 1601년 제정된 엘리자베스 빈민통제법(The Elizabethan Poor Law)은 빈민구호에 대한 국가의 책임을 인정하였으며, 빈민구호에 대한 국가 행정제도를 공식화하였다.
② 길버트법(1782)에서는 빈민에 대한 임금지불과 직업보도 등을 처음 시작하였다.
③ 영국의 자선조직협회(Charity Organization Society)와 인보관운동(Settlement House Movement)은 19세기 후반 시작된 민간의 구빈활동이다.
④ 독일은 사회통제의 성격을 띤 권위주의적 개혁을 통해 19세기 후반에 사회보험을 도입했다.

18 우리나라 사회복지사 윤리강령의 규정으로 옳지 않은 것은?

① 사회복지사는 사회복지 전문직의 권익 증진을 위해 동료와 다른 전문직 동료와도 협력하고 협업한다.
② 사회복지사는 클라이언트와의 전문적 관계를 자신의 개인적 이익을 위해 이용해서는 안 된다.
③ 동료의 클라이언트를 의뢰받을 때는 기관 및 슈퍼바이저와 논의하는 과정을 거쳐야 하며, 클라이언트에게 설명하고 동의를 얻은 후 서비스를 제공한다.
④ 사회복지사는 클라이언트의 사생활을 존중하고 보호하며, 전문적 관계에서 얻은 클라이언트 관련 정보에 대해 어떤 경우에도 비밀을 유지해야 한다.

19 공공부조에 비해 사회보험이 갖는 상대적인 장점에 해당하는 것을 모두 고르면?

> ㄱ. 수직적인 소득재분배 효과가 높다.
> ㄴ. 수급자가 낙인감(stigma)을 적게 느낀다.
> ㄷ. 행정절차가 간소하다.
> ㄹ. 수입과 지출 총액의 예측이 용이하다.

① ㄱ, ㄴ
② ㄷ, ㄹ
③ ㄱ, ㄴ, ㄷ
④ ㄴ, ㄷ, ㄹ

20 「사회보장급여의 이용·제공 및 수급권자 발굴에 관한 법률」에서 규정하고 있는 시·군·구 지역사회보장계획에 포함되어야 하는 내용이 아닌 것은?

① 국내외 사회보장환경의 변화와 전망
② 지역 내 부정수급 발생 현황 및 방지대책
③ 지역사회보장의 분야별 추진전략, 중점 추진사업 및 연계협력 방안
④ 지역사회보장에 필요한 재원의 규모와 조달 방안

동형모의고사 1
기출재조합형 중심

제7회

학습일자 _____

풀이시간 _____

점   수 _____

노력은 우리가 자신을 찾아가는 길에 있는 발걸음이다.
- 빈스 롬바르디(Vince Lombardi 미식축구선수)

01
에스핑-앤더슨(Gøsta Esping-Andersen)의 복지국가 유형에 따른 특징으로 옳은 것은?

	자유주의적 복지국가	조합주의적 복지국가	사회민주주의적 복지국가
① 전형적 국가	독일, 프랑스	미국, 캐나다	스웨덴, 덴마크
② 탈상품화 정도	매우 높음	높음	매우 낮음
③ 계층화 정도	낮음	높음	매우 높음
④ 국가 역할	주변적	보조적	중심적

02
다음에서 설명하는 체계이론의 개념은?

> 체계 외부로부터 에너지가 유입되어 체계 내부에 유용하지 않은 에너지가 감소하는 것

① 홀론(holon)
② 엔트로피(entropy)
③ 네겐트로피(negentropy)
④ 시너지(synergy)

03
사회보험이 민영보험과 다른 점에 해당하지 않는 것은?

① 보험가입 : 강제가입 원칙
② 성격 : 위험 분산을 위한 사전예방적 성격
③ 목적 : 최저수준의 소득 보장
④ 급여액 결정 : 사회적 적절성 고려

04
「사회복지사업법」에서 사회복지사업으로 규정하고 있는 법률에 해당되지 않는 것은?

① 「청소년복지 지원법」
② 「치매관리법」
③ 「사회복지공동모금회법」
④ 「정신건강증진 및 정신질환자 복지서비스 지원에 관한 법률」

05 「사회보장기본법」의 내용으로 옳지 않은 것은?

① "사회보험"이란 국민에게 발생하는 사회적 위험을 보험의 방식으로 대처함으로써 국민의 건강과 소득을 보장하는 제도를 말한다.
② "공공부조"란 국가와 지방자치단체의 책임 하에 생활 유지 능력이 없거나 생활이 어려운 국민의 최저생활을 보장하고 자립을 지원하는 제도를 말한다.
③ "사회서비스"란 사회적 위험으로부터 모든 국민을 보호하고 국민 삶의 질을 향상시키는 데 필요한 소득·서비스를 보장하는 제도를 말한다.
④ "평생사회안전망"이란 생애주기에 걸쳐 보편적으로 충족되어야 하는 기본욕구와 특정한 사회위험에 의하여 발생하는 특수욕구를 동시에 고려하여 소득·서비스를 보장하는 맞춤형 사회보장제도를 말한다.

06 구제대상 빈민의 생활수준은 최하층 근로자의 생활수준보다 낮아야한다는 원칙에 따라 빈민을 처우한 영국의 구빈법은?

① 엘리자베스 구빈법(1601)
② 정주법(1662)
③ 나치블법(1722)
④ 신구빈법(1834)

07 노인장기요양보험제도에 대한 설명으로 옳지 않은 것은?

① 2008년부터 시행되었다.
② 급여 대상은 65세 이상 또는 65세 미만으로서 치매 등 대통령령으로 정하는 노인성 질병을 가진 자이다.
③ 비영리법인만이 노인장기요양서비스를 제공할 수 있다.
④ 장기요양등급은 장기요양등급판정위원회에서 판정하고, 세밀한 판정을 위해 6개 등급의 체계로 운용한다.

08 우리나라의 사회복지 역사에 대한 설명으로 옳지 않은 것은?

① 고려시대에 도입되어 조선시대까지 이어진 사창은 물가조절 기능을 수행했다.
② 근대적 의미의 구빈제도인 「조선구호령」은 1944년에 제정되었으며 1961년에 「생활보호법」이 제정되면서 폐지되었다.
③ 1980년대에는 「노인복지법」과 「장애인복지법」 등의 사회복지 서비스 관련법들이 제정·공포되면서 사회복지사 자격증 제도가 도입되었다.
④ 2000년대에는 「긴급복지지원법」과 「노인장기요양보험법」이 제정되었다.

09 아동복지에 대한 설명으로 옳은 것만을 모두 고르면?

ㄱ. 국가 또는 지방자치단체는 아동복지시설을 설치할 수 있고, 그 외의 자는 관할 시장·군수·구청장에게 신고하고 아동복지시설을 설치할 수 있다.
ㄴ. 아동권리보장원의 장, 가정위탁지원센터의 장 및 아동복지시설의 장은 보호하고 있는 13세 이상의 아동을 대상으로 매년 개별 아동에 대한 자립지원계획을 수립해야 한다.
ㄷ. 아동복지시설 중 아동양육시설은 보호대상아동을 입소시켜 보호, 양육 및 취업훈련, 자립지원 서비스 등을 제공하는 것을 목적으로 하는 시설을 말한다.
ㄹ. 아동을 매매하는 행위에 대해 유죄가 인정되었을 경우 10년 이하의 징역 또는 1억원 이하의 벌금에 처한다.

① ㄱ, ㄷ
② ㄴ, ㄷ
③ ㄴ, ㄹ
④ ㄱ, ㄷ, ㄹ

10 사회복지정책의 가치에 대한 설명으로 옳은 것은?

① 유기적 연대 - 사회구성원의 유사성에 근거한 전통사회에서의 지배적인 연대
② 수단적 효율 - 특정한 목표를 달성하는 데 가능한 한 적은 자원을 투입하여 최대한의 산출을 얻는 것
③ 효율성 - 정책이 원래 의도했던 목표를 달성한 정도
④ 소극적 자유 - 자신이 원하는 것을 할 수 있는 자유

11 전략적 가족치료모델에서는 문제를 유지하는 연쇄를 변화시키기 위해 가족이 역설적이라고 생각하는 행동, 즉 문제행동을 유지하거나 강화하는 행동을 수행하도록 지시하는 '역설적 지시' 기법을 사용한다. 이 기법에 포함되지 않는 것은?

① 합류 기법
② 시련 기법
③ 제지 기법
④ 증상처방 기법

12 측정과정에서 범할 수 있는 '체계적 오류(systematic error)'에 대한 설명으로 옳은 것은?

① 측정 환경의 불안정으로 수집된 자료값이 일관성을 보이지 못하는 것이다.
② 집단 단위의 조사에 근거한 내용을 개인 단위에 대한 설명으로 사용하는 것이다.
③ 어떤 현상의 원인이나 개념을 지나치게 제한하거나 단순화하는 것이다.
④ 문화적 차이에 의한 편향, 사회적 적절성 편향 등으로 인해 측정값에 일정한 양태의 오류가 발생하는 것이다.

13 우리나라 사회복지사 윤리강령의 규정에 해당하지 않는 것은?

① 사회복지사는 클라이언트의 이익을 최우선의 가치로 삼고 이를 실천하며, 클라이언트의 권리를 존중하고 옹호한다.
② 사회복지사는 클라이언트와의 직무수행 과정에서 얻은 정보를 최대한 공개하기 위해 노력해야 한다.
③ 사회복지사는 클라이언트가 역량을 강화하고, 자신과 환경을 변화시킬 수 있도록 지원한다.
④ 사회복지사는 다양한 문화의 강점을 인식하고 존중하며, 문화적 역량을 바탕으로 사회복지를 실천한다.

14 다음 설명에 해당하는 제도는?

- 소득지원제도로서 일정 금액 이하의 저소득 근로자가구를 대상으로 한다.
- 근로의욕을 높여서 실질소득을 지원하기 위한 환급형 세액제도이다.
- 부의 소득세(negative income tax)의 일종이다.

① 희망저축계좌
② 근로장려세제
③ 조세지출
④ 국민취업지원제도

15 사회복지실천기술에 대한 설명으로 옳지 않은 것은?

① 초점화 기술은 클라이언트의 메시지가 추상적이거나 혼란스러운 경우 보다 구체적으로 표현하도록 클라이언트에게 요청하는 것을 말한다.
② 클라이언트가 질문에 대하여 침묵하는 것 역시 일종의 의사표현이라는 것을 이해해야 한다.
③ 직면 기술은 클라이언트의 말한 내용과 행동 또는 말한 내용들 간에 일치되지 않는 부분이 있을 경우 클라이언트 메시지의 불일치된 내용을 지적할 때 사용하는 기술이다.
④ 제한된 시간 동안 사실이나 자세한 정보를 파악하고자 할 때는 개방질문보다 폐쇄질문이 더 적절하다.

16 사회보험과 공공부조의 비교로 옳지 않은 것은?

	사회보험	공공부조
① 수급조건	기여와 위험 발생	자산조사
② 주된 재원	보험료	일반조세
③ 위험에 대한	사전적 대책	사후적 대책
④ 책임주체	중앙정부와 지방정부	중앙정부

17 사회복지실천의 통합적 접근방법이 등장한 배경에 해당하지 않는 것은?

① 전통적 방법론의 지나친 분화와 전문화로 서비스의 파편화가 초래되었다.
② 사회복지실천에 정신분석이론이 도입되면서 새로운 이론적 기반을 형성하였다.
③ 다양한 실천방법의 공통 요소는 클라이언트의 문제해결에 있음을 강조하기 시작하였다.
④ 제한된 특정 문제에 대한 개입만을 중요시하는 전통적 사회복지 접근은 다양하고 복합적인 클라이언트의 문제를 해결하는 데 한계가 있었다.

19 사회복지에 대한 설명으로 가장 옳은 것은?

① 복지다원주의(welfare pluralism)는 정부가 아닌 민간부문의 조직들만이 복지제공의 주체가 되어야 한다고 본다.
② 에스핑-안데르센(Esping-Andersen)의 복지국가 유형화에 의하면, 독일의 탈상품화 정도는 덴마크의 탈상품화 정도보다 높다.
③ 윌렌스키와 르보(Wilensky & Lebeaux)가 사회복지의 개념을 '잔여적 개념'과 '제도적 개념'으로 구분한 기준은 사회복지제도의 기능이다.
④ 조지와 윌딩(George & Wilding)이 제시한 '신우파'는 불평등과 적극적 자유를 옹호한다.

18 우리나라의 사회복지 관련 법 중 가장 최근에 제정된 것은?

① 「사회서비스 이용 및 이용권 관리에 관한 법률」
② 「장애인차별금지 및 권리구제 등에 관한 법률법」
③ 「청소년복지 지원법」
④ 「노인복지법」

20 「장애인차별금지 및 권리구제 등에 관한 법률」에 대한 설명으로 옳지 않은 것은?

① 이 법은 모든 생활영역에서 장애를 이유로 한 차별을 금지하고 장애를 이유로 차별받은 사람의 권익을 효과적으로 구제함으로써 장애인의 완전한 사회참여와 평등권 실현을 통하여 인간으로서의 존엄과 가치를 구현함을 목적으로 한다.
② 보조견 또는 장애인보조기구 등의 정당한 사용을 방해하는 것은 이 법에서의 차별행위에 해당한다.
③ 차별의 원인이 2가지 이상이고, 그 주된 원인이 장애라고 인정되는 경우 그 행위는 이 법에 따른 차별로 본다.
④ 정당한 사유 없이 장애인에 대한 제한·배제·분리·거부 등 불리한 대우를 표시·조장하는 광고를 직접 행하는 것은 이 법에 따른 차별에 해당하지만, 그러한 광고를 허용·조장하는 것은 차별에 해당하지 않는다.

동형모의고사 1
기출재조합형 중심

제8회

학습일자 _____

풀이시간 _____

점   수 _____

노력과 헌신은 성공을 이끄는 두 개의 가장 중요한 도구이다.
- 리오넬 메시(Lionel Messi)

01 우리나라 사회보장체계에서 사회보험에 해당하는 것이 아닌 것은?

① 공무원연금
② 기초연금
③ 노령연금
④ 상병보상연금

02 사회복지(social welfare)와 사회사업(social work)의 개념에 대한 설명으로 옳지 않은 것은?

① 사회복지는 정책이나 제도의 목적적 개념을 중시하고, 사회사업은 개인, 가족, 집단, 지역사회 등에 대한 개입이나 기술적 활동을 중시한다.
② 사회복지는 사회환경 변화를 지향하고, 사회사업은 개인의 변화를 지향한다.
③ 「사회복지사업법」에서는 사회사업을 '사회서비스 중 사회복지사업을 통한 서비스를 제공하여 삶의 질이 향상되도록 지원하는 것'으로 정의하고 있다.
④ 우리나라 법률 가운데 '사회복지'를 가장 먼저 명시한 법은 「생활보호법」이다.

03 선별적이고 잔여적인 복지와 가장 거리가 먼 이념은?

① 집합주의
② 보수주의
③ 예외주의
④ 개인주의

04 19세기 자선조직협회에 대한 설명으로 옳은 것만을 모두 고르면?

> ㄱ. 빈곤가정에 우애방문자를 파견함으로써 문제를 해결하고자 하였다.
> ㄴ. 빈곤 문제의 근원으로 빈민의 개인적 측면을 강조했다.
> ㄷ. 과학적 자선(scientific charity)에 기여하였다.

① ㄱ, ㄴ
② ㄱ, ㄷ
③ ㄴ, ㄷ
④ ㄱ, ㄴ, ㄷ

05 영국 구빈법의 역사적 의의에 대한 설명으로 옳지 않은 것은?

① 엘리자베스 구빈법 – 빈민구제에 대한 국가의 책임을 인정한 법이다.
② 작업장법 – 공동작업장을 설치하여 임금지불과 직업보도 등을 시작한 법이다.
③ 길버트법 – 오늘날의 가족수당의 기반이 된 법이다.
④ 스핀햄랜드법 – 현대의 최저생활보장의 기반이 된 법이다.

06 다음에서 제시하고 있는 한국 사회복지역사의 주요 사건들 중 가장 최근에 있었던 일은?

① 행복e음 개통
② 노인장기요양보험제도의 시행
③ 제1회 사회복지사 1급 국가시험의 실시
④ 제1차 사회보장기본계획의 시행

07 빈곤에 대한 설명으로 옳지 않은 것은?

① 상대적 빈곤은 한 사회의 평균적인 생활수준과 비교하여 빈곤을 규정한다.
② 전물량방식과 반물량방식은 절대적 빈곤 산정방식이다.
③ 라이덴 방식의 빈곤 산정은 상대적 빈곤 개념을 측정하는 방식이다.
④ 절대적 빈곤은 최저생계비를 기준으로 결정된다.

08 우리나라 사회복지사 윤리강령에 대한 설명으로 옳지 않은 것은?

① 사회복지사 자격을 교부하는 보건복지부에서 제정한다.
② 전문, 목적, 가치와 원칙, 윤리기준으로 구성된다.
③ 윤리기준은 기본적 윤리기준, 클라이언트에 대한 윤리기준, 동료에 대한 윤리기준, 기관에 대한 윤리기준, 사회에 대한 윤리기준으로 구성된다.
④ 기본적 윤리기준에서는 전문가로서의 자세, 전문성 개발을 위한 노력, 전문가로서의 실천을 규정하고 있다.

09
사회복지정책의 가치 중 평등의 유형에 대한 설명이 옳은 것을 모두 고르면?

> ㄱ. 평등을 형평(equity) 개념으로 보는 평등의 유형은 수량적 평등이다.
> ㄴ. 결과의 평등은 비례적 평등보다 시장에서의 일차적 배분 결과를 시정하기 위한 국가의 소득재분배 정책을 지지한다.
> ㄷ. 조건의 평등은 소득재분배를 목적으로 모든 사람에게 능력이나 기여와 상관없이 똑같이 사회적 자원을 배분한다.
> ㄹ. 기회의 평등은 참여와 시작 단계에서부터 평등을 강조하며, 결과의 불평등을 인정한다는 점에서 가장 소극적인 평등 개념이라 할 수 있다.

① ㄱ, ㄴ, ㄷ
② ㄴ, ㄷ, ㄹ
③ ㄱ, ㄷ
④ ㄴ, ㄹ

10
사례관리의 원칙에 해당되지 않는 것은?

① 통합성과 연계성
② 표준화와 접근성
③ 클라이언트의 자율성 극대화
④ 클라이언트의 역량강화

11
「장애인복지법」상 장애인복지시설 중 장애인 지역사회재활시설에 해당되지 않는 것은?

① 장애인 직업적응훈련시설
② 장애인 주간보호시설
③ 한국수어 통역센터
④ 장애인복지관

12
불이익을 당하고 있는 중증장애인의 권익향상을 위해 정책 변화를 도모하였다면, 이때 사회복지사가 수행한 역할은?

① 교육자(educator)
② 중재자(mediator)
③ 중개자(broker)
④ 옹호자(advocate)

13 사회복지실천에서 사용할 수 있는 실천기술에 대한 설명이 옳지 않은 것은?

① 재보증 – 클라이언트가 자신의 능력에 대하여 자신감을 갖지 못할 때 사회복지사가 클라이언트에 대한 신뢰를 표현한다.
② 역설적 지시 – 문제가 된다고 판단되는 행동을 유지하거나 강화하도록 지시한다.
③ 해석 – 문제를 바라보는 클라이언트의 관점을 좀 더 긍정적으로 수정한다.
④ 경계 만들기 – 밀착된 가족성원들을 분리시켜 적절한 경계를 만든다.

14 「아동학대범죄의 처벌 등에 관한 특례법」상 아동학대 신고의무자에 해당하지 않는 사람은?

① 아동보호전문기관의 장과 그 종사자
② 아동복지전담공무원과 아동학대전담공무원
③ 응급구조사
④ 한부모가족복지시설의 장과 그 종사자

15 「사회보장급여의 이용·제공 및 수급권자 발굴에 관한 법률」에 제시된 지역사회보장계획 수립 및 시행에 관한 설명으로 옳은 것은?

① 보장기관의 장은 지역사회보장계획의 수립 및 지원 등을 위하여 지역사회보장조사를 3년마다 실시한다. 다만, 필요한 경우에는 수시로 실시할 수 있다.
② 시·군·구의 지역사회보장계획은 심의와 보고 절차를 거친 후 보건복지부장관에게 제출하여야 한다.
③ 시·군·구 지역사회보장계획은 시·도 사회보장위원회가 심의한다.
④ 시·군·구 지역사회보장계획에는 지역사회보장 수요의 측정, 목표 및 추진전략, 지역사회보장 전달체계의 조직과 운영 등이 포함되어야 한다.

16 「국민기초생활 보장법」의 규정으로 옳지 않은 것은?

① 이 법에 따른 급여는 수급자가 자신의 생활의 유지·향상을 위하여 그의 소득, 재산, 근로능력 등을 활용하여 최대한 노력하는 것을 전제로 이를 보충·발전시키는 것을 기본원칙으로 한다.
② 부양의무자의 부양과 다른 법령에 따른 보호는 이 법에 따른 급여에 우선하여 행하여지는 것으로 한다.
③ 이 법에 따른 급여는 건강하고 문화적인 최저생활을 유지할 수 있는 것이어야 한다.
④ 교육급여와 주거급여에 관하여 필요한 사항은 따로 법률에서 정한다.

17 노인장기요양보험에 대한 설명으로 옳은 것을 모두 고르면?

> ㄱ. 파킨슨병, 뇌경색증, 뇌내출혈은 노인장기요양보험법령상 노인성 질병에 해당한다.
> ㄴ. 주·야간보호와 방문간호는 재가급여에, 단기보호는 시설급여에 해당한다.
> ㄷ. 도서·벽지 등 장기요양기관이 현저히 부족한 지역으로서 보건복지부장관이 정하여 고시하는 지역에 거주하는 자에게는 가족요양비를 지급할 수 있다.
> ㄹ. 대상자에게 제공되는 장기요양급여는 재가급여, 시설급여, 반환일시금으로 구분된다.

① ㄱ, ㄷ ② ㄱ, ㄴ, ㄷ
③ ㄴ, ㄹ ④ ㄴ, ㄷ, ㄹ

18 권한부여(empowerment)모델의 특징으로 옳지 않은 것은?

① 사회적, 조직적 환경에 대한 클라이언트의 통제력을 증가시키기 위한 개입모델이다.
② 클라이언트가 처한 문제는 성장을 위한 기회로 재개념화된다.
③ 문제해결을 위한 사회복지사의 전문성과 적극적인 역할을 강조한다.
④ 치료를 통해서가 아니라 클라이언트의 강점을 강조함으로써 클라이언트가 처해 있는 어려움을 해결할 수 있도록 한다.

19 사회보장 권리구제에 대한 이의신청을 규정하고 있지 않은 법률은?

① 「국민연금법」
② 「국민기초생활보장법」
③ 「국민건강보험법」
④ 「의료급여법」

20 사회복지조사에서 조사도구가 동일 대상을 측정한 값들 사이에 일관성 있는지를 나타내는 것은?

① 타당도
② 신뢰도
③ 내적 타당도
④ 외적 타당도

동형모의고사 1
기출재조합형 중심

제9회

학습일자 _____

풀이시간 _____

점　수 _____

많은 사람들이 뒤늦게야 이해하는 진실은,
고통을 피하려 할수록 더 고통스러워진다는 것이다.
다칠까 두려워하는 만큼씩 더 작고 하찮은 것들까지
당신을 괴롭히기 시작할 것이기 때문이다.

-토머스 머튼

01 잔여적 복지에 대한 설명에 해당하지 않는 것은?

① 사회복지제도는 가족이나 시장경제가 제 기능을 수행하지 못할 때 생기는 문제를 보완하거나 해소하는 기능을 수행한다.
② 사회복지제도는 사회를 유지하는 데 필수적 기능을 수행하지 않는다.
③ 사회복지제도는 안전망 기능만을 수행한다.
④ 사회문제 해결의 일차적인 책임은 국가에 있다.

02 복지다원주의(welfare pluralism)에 대한 설명으로 옳지 않은 것은?

① 제3의 길은 소극적 복지를 지향하기 때문에 복지다원주의를 강조한다.
② 정부뿐만 아니라 민간부문의 조직들도 복지제공의 주체가 된다고 본다.
③ 시민참여에 의한 정책결정, 서비스 이용자의 선택권 확대 등을 특징으로 한다.
④ 한 사회에서 복지의 원천은 다양하며, 복지제공주체로서 국가 이외에 시장, 비공식부문, 자원부문 등의 역할을 포괄적으로 고려할 것을 강조한다.

03 매슬로우(Maslow)의 욕구위계론에 대한 설명으로 옳지 않은 것은?

① 매슬로우의 욕구위계에 따르면 안정감이 소속감보다 우선되는 욕구이다.
② 생리적 욕구는 모든 욕구 중 가장 강도가 강하다.
③ 다섯 가지 욕구는 동시에 발생할 수 있다.
④ 소속과 사랑의 욕구가 어느 정도 충족되면 존경의 욕구에 대한 동기가 발생한다.

04 다음 설명에 해당하는 사회복지 예산편성방식은?

• 사회복지조직이 수행하는 업무에 중점을 둔다.
• 세부사업을 '단위원가×업무량=예산액'으로 표시하여 편성함으로써 자금을 합리적으로 배분할 수 있다.
• 예산집행의 효율성을 제고할 수 있다.

① 영기준예산
② 성과주의예산
③ 품목별예산
④ 계획예산

05 사회복지정책의 발달에 대한 이론 중 다음과 같이 주장하는 이론은?

> • 사회복지정책은 사회전체의 안정과 질서의 유지를 위한 사회통제와 현상의 유지에 목적이 있다.
> • 사회복지정책의 진정한 수혜층은 지배계층이다.

① 독점자본이론
② 확산이론
③ 음모이론
④ 사회민주주의이론

06 방어기제와 사례의 연결이 옳지 않은 것은?

① 억압 – 만나기 싫은 사람과의 미팅 약속을 잊은 A
② 합리화 – 자녀에게 과도한 분노를 표출한 후 "이게 다 너를 위해서야."라고 말하는 B
③ 반동형성 – 좋아하는 사람에게 유독 냉정하게 대하는 C
④ 전환 – 일이 뜻대로 안 풀리면 가까운 사람에게 신경질을 부리는 D

07 우리나라의 장애인복지법령에 따른 장애 유형 구분에서 장애의 성격이 나머지와 다른 것은?

① 발달장애
② 안면장애
③ 뇌전증장애
④ 호흡기장애

08 다음 법령을 제정된 순서대로 바르게 나열한 것은?

> ㄱ. 「장애인활동 지원에 관한 법률」
> ㄴ. 「저출산·고령사회기본법」
> ㄷ. 「사회보장급여의 이용·제공 및 수급권자 발굴에 관한 법률」
> ㄹ. 「긴급복지지원법」

① ㄱ-ㄴ-ㄷ-ㄹ
② ㄴ-ㄹ-ㄱ-ㄷ
③ ㄹ-ㄴ-ㄷ-ㄱ
④ ㄹ-ㄱ-ㄴ-ㄷ

09 「사회복지사업법」상 사회복지시설에 대한 설명으로 옳지 않은 것은?

① 국가나 지방자치단체는 사회복지시설을 설치·운영할 수 있다.
② 국가 또는 지방자치단체 외의 자가 사회복지시설을 설치·운영하려는 경우에는 보건복지부령으로 정하는 바에 따라 시장·군수·구청장에게 신고하여야 한다.
③ 국가나 지방자치단체가 설치한 사회복지시설은 필요한 경우 사회복지법인에 한정해 위탁하여 운영하게 할 수 있다.
④ 사회복지시설의 장은 시설의 운영에 관한 사항을 심의하기 위하여 시설에 운영위원회를 두어야 한다.

10 다음 내용에 해당하는 영국의 구빈법은?

- 빈민에게 노동을 강제함으로써 구빈에 소요되는 재정지출을 경감하고 국부의 증진을 기하기 위한 목적으로 제정되었다.
- 빈민에게 기술을 가르쳐 소득창출의 기회를 제공하였다.

① 엘리자베스 구빈법(1601년)
② 작업장법(1722년)
③ 길버트법(1782년)
④ 스핀햄랜드법(1795년)

11 가계도(genogram)에 대한 설명으로 옳지 않은 것은?

① 복잡한 가족유형을 한눈에 볼 수 있게 해준다.
② 클라이언트와 가족을 환경과의 관계 속에서 이해할 수 있게 도와준다.
③ 가계도를 통해 가족 내에서 반복되는 정서적·행동적 패턴을 이해할 수 있다.
④ 2~3세대까지 확장해서 가족구성원에 관한 정보와 그들 간의 관계를 도표로 작성하는 방법이다.

12 사회복지실천모델과 설명 사이의 연결이 옳은 것을 모두 고르면?

ㄱ. 심리사회모델 – 단기개입과 구조화된 접근을 강조한다.
ㄴ. 인지행동모델 – 개인의 비합리적 신념이나 인지적 오류를 변화시킴으로써 부정적 감정을 극복하고 보다 긍정적으로 행동할 수 있도록 이끈다.
ㄷ. 권한부여모델 – 심리적인 변화와 사회환경적인 변화를 시도하며, 개인이 가진 현재의 기능은 과거의 사건에 영향을 받는다고 본다.
ㄹ. 과제중심모델 – 조사에 근거한 경험적 자료에 기초한 개입을 하며, 개입에 대한 사회복지사의 책무성을 강조한다.

① ㄱ, ㄷ
② ㄱ, ㄴ, ㄹ
③ ㄴ, ㄹ
④ ㄴ, ㄷ, ㄹ

13 다음 글에서 설명하는 비에스텍(F. Biestek)의 관계 원칙은?

> 모든 인간은 독특한 자질과 특성을 가지고 있으며 개별적 욕구를 가지고 있으므로, 사회복지사는 각 클라이언트의 특수성을 이해하고, 다양한 원리와 방법을 활용해야 한다.

① 수용　　　　　② 자기결정
③ 개별화　　　　④ 비심판적 태도

14 사회복지실천의 기록 유형에 대한 설명으로 옳지 않은 것은?

① 문제중심기록은 문제영역을 목록화한다.
② 대화체기록은 하여 클라이언트의 각 문제에 대한 주관적 정보, 객관적 정보, 사정, 계획을 기록한다.
③ 요약기록은 정보수집을 통해 얻은 자료를 선택하여 핵심 내용을 중심으로 기록한다.
④ 과정기록은 사회복지사와 클라이언트 간에 있었던 모든 일을 기록한다.

15 「청소년복지 지원법」상 청소년복지시설 중 일정 기간 청소년쉼터 또는 청소년회복지원시설의 지원을 받았는데도 가정·학교·사회로 복귀하여 생활할 수 없는 청소년에게 자립하여 생활할 수 있는 능력과 여건을 갖추도록 지원하는 시설은?

① 자립지원시설
② 자립지원전담기관
③ 청소년치료재활센터
④ 청소년자립지원관

16 조지와 윌딩(George & Wilding)의 사회복지 이념에 대한 설명으로 옳은 것을 모두 고르면?

> ㄱ. 반(反)집합주의는 소극적 자유를 강조하며 현존하는 불평등은 경제성장에 기여할 수 있다고 본다.
> ㄴ. 중도노선은 복지의 탈상품화를 적극적으로 추구한다.
> ㄷ. 사회민주주의는 평등, 자유, 우애를 사회적 가치로 강조한다.
> ㄹ. 마르크스주의는 시장을 중시하며, 자본주의 체제의 조절능력을 믿어 복지국가에 반대한다.

① ㄱ, ㄴ　　　　② ㄱ, ㄷ
③ ㄴ, ㄹ　　　　④ ㄷ, ㄹ

17 다음 설명 중 집락표집에 해당하는 것은?

① 소득을 기준으로 최상·상·하·최하로 구분한 다음, 각각의 계층이 모집단에서 차지하고 있는 비율에 맞추어 소득계층별로 무작위 표집하였다.
② 모집단에서 다수의 하위집단을 먼저 무작위 추출한 뒤, 하위집단별로 최종 자료수집의 표본 단위를 무작위로 추출하였다.
③ 모집단에서 뽑고자 하는 표본 수만큼을 한 번에 무작위로 추출하였다.
④ 모집단에서 한 사례를 무작위로 추출한 후 일정 간격을 유지하며 다른 사례를 추출한다.

18 시장이 자원을 효율적으로 배분하는데 실패하게 되는 시장실패(market failure) 초래 요인에 해당하지 않는 것은?

① 완전경쟁(perfect competition)
② 외부효과(externalities)
③ 공공재(public goods)
④ 불완전한 정보(asymmetric information)

19 다음의 상황에서 사회복지사 A가 직면할 수 있는 가장 대표적인 윤리적 딜레마는?

> 원치 않는 임신으로 출산을 하게 된 10대 미혼모 B가 아이의 입양을 고민하는 상황에 개입하고 있는 사회복지사 A는 입양을 결정할 경우와 입양 보내지 않고 B가 키우기로 결정하는 경우 각각에 대해 B와 함께 논의하고 있다.

① 결과의 모호성
② 가치 상충
③ 충성심과 역할 상충
④ 힘과 권력의 불균형

20 「아동학대범죄의 처벌 등에 관한 특례법」의 내용으로 옳지 않은 것은?

① 아동학대 신고의무자가 보호하는 아동에 대하여 아동학대범죄를 범한 때에는 그 죄에 정한 형의 2분의 1까지 가중한다.
② 법원은 아동학대행위자에 대하여 유죄판결을 선고하면서 200시간의 범위에서 재범예방에 필요한 수강명령 또는 아동학대 치료프로그램의 이수명령을 병과할 수 있다.
③ 「아이돌봄 지원법」에 따른 아이돌보미는 아동학대 신고의무자이다.
④ 누구든지 아동학대범죄를 알게 된 경우나 그 의심이 있는 경우에는 아동보호전문기관 또는 수사기관에 신고할 수 있다.

동형모의고사 1
기출재조합형 중심

학습일자 _____

풀이시간 _____

점   수 _____

욕망의 속성은 만족을 모른다는 것이고, 보통 사람은 욕망의
즉각적인 충족만을 추구하며 살아간다.
                                    -아리스토텔레스

01. 우리나라의 고령화 추세와 관련된 설명으로 옳지 않은 것은?

① 2023년 12월 현재 우리나라는 고령사회(aged society)로 분류된다.
② 노령화지수와 노년부양비가 빠른 속도로 증가하고 있다.
③ 2023년 12월 현재 OECD 회원국 가운데 우리나라의 노령화지수가 가장 높다.
④ 노령화지수는 15세 미만의 유소년 인구 대비 65세 이상 노인인구의 비율을 의미한다.

03. 길버트와 테렐이 제시한 사회복지정책 분석틀 중에서 보편주의와 선별주의에 해당되는 내용은?

① 누구에게 급여를 지급할 것인가? (the bases of social allocation)
② 급여의 형태는 무엇인가? (the types of social provisions)
③ 어떠한 전달체계를 통하여 급여를 전달할 것인가? (the strategies for the delivery)
④ 사회적 급여에 필요한 재정을 마련하기 위한 방법은 무엇인가? (the ways to finance)

02. 욕구조사방법에 대한 설명이 옳게 연결된 것은?

① 지역사회포럼 – 소집단을 구성하여 참여자들 간의 자유롭고 원활한 토의와 상호작용 속에서 자료를 수집하는 방법
② 델파이기법 – 지역사회를 대표하는 사람들을 초대하여 지역사회 문제에 대한 설명을 요청하고 이에 대한 의견을 나누는 방법
③ 초점집단인터뷰 – 전문가들에게 우편으로 의견이나 정보를 수집한 후 분석한 결과를 다시 응답자들에게 보내 의견을 묻는 방식
④ 서베이 – 조사대상자들을 대상으로 설문지를 작성하여 우편이나 이메일, 직접 면접조사방법 등을 통하여 자료를 수집하는 방법

04. 학자들이 제시한 사회복지 관련 개념에 대한 설명이 옳지 않은 것은?

① 에밀 뒤르켐(E. Durkheim)이 주장하는 기계적 연대란 사회구성원의 유사성에 근거한 전통사회에서 지배적인 연대를 의미한다.
② 에스핑-앤더슨(Esping-Andersen)의 복지국가 유형 분류에서 자유주의 복지국가가 추구하는 자유는 적극적 자유보다는 소극적 자유에 더 가깝다.
③ 윌렌스키와 르보(Wilensky & Lebeaux)가 제시한 현재 산업사회의 사회복지활동을 특징짓는 기준에 의하면 사회복지활동은 영리추구가 주된 목적이 되어서는 안 된다.
④ 길버트와 스펙트(Gilbert & Specht)는 사회복지제도가 수행하는 일차적 사회기능을 사회통합이라고 보았다.

05 다음 ㉠과 ㉡에 공통으로 들어갈 말은?

- 「국민기초생활 보장법」에 따른 급여는 (㉠)하고 (㉡)적인 최저생활을 유지할 수 있는 것이어야 한다.
- 「국민기초생활 보장법」상 최저생계비란 국민이 (㉠)하고 (㉡)적인 생활을 유지하기 위하여 필요한 최소한의 비용을 말한다.
- 「사회보장기본법」상 국가와 지방자치단체는 모든 국민이 (㉠)하고 (㉡)적인 생활을 유지할 수 있도록 사회보장급여의 수준 향상을 위하여 노력하여야 한다.

	㉠	㉡
①	행복	문화
②	행복	인간
③	건강	문화
④	건강	인간

06 사회복지 관련 법령의 제정 시기를 옳게 연결한 것은?

① 1960년대 - 「생활보호법」, 「산업재해보상보험법」
② 1970년대 - 「사회복지사업법」, 「사회보장기본법」
③ 1980년대 - 「영유아보육법」, 「노인복지법」
④ 1990년대 - 「기초연금법」, 「국민기초생활 보장법」

07 우리나라의 사회보험 제도에 대한 설명으로 옳은 것은?

① 5대 사회보험 중 가장 먼저 시행된 제도는 국민연금제도이다.
② 의료급여 수급권자는 노인장기요양보험 가입자가 아니므로 장기요양급여를 받을 수 없다.
③ 고용보험료 고지, 수납 및 체납관리는 근로복지공단에서 한다.
④ 국민연금은 노령, 장애, 사망에 대하여 연금급여가 지급되므로 은퇴뿐만 아니라 다양한 사회적 위험에 대비하여 국민생활안정에 기여하는 목적을 갖는다.

08 페미니즘의 분파 중 다음 설명에 해당하는 것은?

- 사적 영역인 가정에서의 차별과 억압에 초점을 맞춘다.
- 여성억압이 남성 지배적 메커니즘인 가부장제에서 기인한다고 본다.
- 공사 영역의 구분이란 여성억압을 정치의 영역에서 배제하기 위해 고안해낸 위계적 구조이며, 가부장제가 공사 영역 분리를 통해 성별 분업을 합리화한다고 비판한다.

① 자유주의 페미니즘
② 급진주의 페미니즘
③ 마르크스주의 페미니즘
④ 사회주의 페미니즘

09 우리나라의 사회보장제도 중 장애인연금과 기초연금에 대한 설명으로 옳지 않은 것은?

① 장애인연금과 기초연금은 둘 다 비기여-자산조사 프로그램이다.
② 장애인연금과 기초연금은 둘 다 급여 수급대상 선정기준으로 연령기준과 소득기준이 활용된다.
③ 장애인연금의 종류에는 기초급여와 부가급여가 있다.
④ 기초연금은 국민연금을 받는 사람에게는 지급하지 않는다.

10 국민기초생활보장제도의 급여 유형이 아닌 것은?

① 의료급여
② 장애급여
③ 교육급여
④ 생계급여

11 다음 설명에 해당하는 설계 유형으로 옳은 것은?

> 실험설계처럼 완벽하지 않지만, 독립변수 조작과 외적변수 통제가 가능하고 비교집단을 설정할 수 있는 상황일 때 유용하다.

① 비동일통제집단설계
② 단일집단 사전사후검사설계
③ 통제집단 사전사후검사설계
④ 정태적 집단비교설계

12 사회복지실천기술에 대한 설명으로 옳은 것은?

① 요약 : 클라이언트가 말한 내용을 말의 뜻에 초점을 맞춰 재진술하는 것
② 명료화 : 클라이언트의 메시지가 추상적이거나 혼란스러운 경우 보다 구체적으로 표현하도록 클라이언트에게 요청하는 것
③ 공감 : 억압된 감정을 표출하도록 함으로써 감정의 강도를 약화시키거나 해소하도록 돕는 것
④ 재보증 : 클라이언트가 부여하는 의미를 수정해 줌으로써 클라이언트의 시각을 긍정적인 방향으로 변화시키는 것

13 사회보험에 대한 베버리지 보고서(Beveridge Report, 1942)의 내용을 옳게 설명한 것을 모두 고르면?

> ㄱ. 사회보험이 모든 사람과 욕구를 포괄해야 한다는 포괄성의 원칙을 제시했다.
> ㄴ. 소득의 차이와 관계없이 누구나 동일한 액수의 보험료를 내고 누구나 동일한 액수의 급여를 받을 것을 제시했다.
> ㄷ. 사회보험이 성공하기 위한 전제조건 중 하나로 가족의 크기와 소득을 고려하여 결정하는 가족수당을 제시했다.
> ㄹ. 급여의 수준과 기간은 욕구를 충족하기에 충분해야 한다는 원칙을 제시했다.

① ㄱ, ㄹ
② ㄴ, ㄷ
③ ㄱ, ㄴ, ㄹ
④ ㄱ, ㄴ, ㄷ, ㄹ

14 우리나라 사회복지사 윤리강령에 규정된 내용이 아닌 것은?

① 사회복지사는 사회, 경제, 환경, 정치적 자원에 대한 평등한 접근과 공평한 분배가 이루어지도록 노력한다.
② 사회복지사는 사회복지 실천에 필요한 정보통신 관련 지식과 기술을 습득하기 위해 노력하며, 이를 사용하는 과정에서 발생할 수 있는 윤리적 문제를 인식하고 정보통신 관련 지식과 기술을 활용하도록 한다.
③ 사회복지사는 의사 결정이 어려운 클라이언트에 대해서는 클라이언트를 대신하여 결정해주어야 한다.
④ 클라이언트 자신과 타인에게 해를 입히거나 범죄행위와 관련된 경우에는 클라이언트의 사생활 보호 및 비밀 보장의 예외로 할 수 있다.

15 잔여적 개념의 사회복지가 갖는 특성에 해당하는 것만을 모두 고르면?

> ㄱ. 취약계층에 대한 자선과 구호의 성격
> ㄴ. 포괄적인 사회제도로서의 성격
> ㄷ. 다른 사회제도의 기능과 구별되는 독립적인 성격
> ㄹ. 다른 사회제도의 기능을 일시적으로 보충하는 성격

① ㄱ
② ㄱ, ㄹ
③ ㄴ, ㄷ
④ ㄴ, ㄷ, ㄹ

16 사회복지발달이론에 대한 설명으로 옳은 것은?

① 확산이론은 한 지역의 사회복지정책이 다른 인접지역으로 확산되면서 복지국가가 발달했다고 본다.
② 사회양심이론에 따르면 사회복지정책의 주된 목적은 사회질서의 유지를 위한 사회통제에 있다.
③ 수렴이론은 사회적 분배를 둘러싼 다양한 이익집단들의 경쟁에서 정치적 힘이 강해진 집단의 요구를 정치인들이 수용하면서 복지국가가 등장하게 되었다고 본다.
④ 시민권이론에서는 중앙집권적이거나 조합주의적인 국가구조의 형태와 정치인의 개혁성 등이 복지국가를 발전시켰다고 본다.

17 다음 특징을 포함하고 있지 않은 사회복지 급여는?

- 일정한 범위 내에서 재화나 서비스를 선택할 수 있다.
- 지정된 용도 이외의 목적으로 사용할 수 없다.
- 수요자 지원방식의 대표적인 정책수단이다.

① 「장애인활동 지원에 관한 법률」상 활동지원급여
② 「영유아보육법」상 보육서비스
③ 「아이돌봄 지원법」상 아이돌봄서비스
④ 「국민기초생활 보장법」상 생계급여

18 「영유아보육법」에 규정된 내용으로 옳은 것은?

① "영유아"란 6세 이하의 취학 전 아동을 말한다.
② 보건복지부장관은 보육 실태 조사를 5년마다 실시하고 그 결과를 공표하여야 한다.
③ 국가나 지방자치단체는 국공립어린이집을 설치·운영하여야 한다.
④ 국공립어린이집 외의 어린이집을 설치·운영하려는 자는 특별자치시장·특별자치도지사·시장·군수·구청장의 허가를 받아야 한다.

19 다음에 제시된 우리나라의 사회보장제도를 먼저 도입된 것부터 순서대로 바르게 나열한 것은?

ㄱ. 산업재해보상보험제도   ㄴ. 아동수당제도
ㄷ. 국민기초생활보장제도   ㄹ. 국민연금제도

① ㄱ-ㄷ-ㄹ-ㄴ
② ㄱ-ㄹ-ㄷ-ㄴ
③ ㄷ-ㄱ-ㄴ-ㄹ
④ ㄹ-ㄱ-ㄴ-ㄷ

20 인권에 대한 설명으로 옳지 않은 것은?

① 인권은 사람이 사람답게 살아가기 위해서 반드시 누구에게나 보장되어야 하는 권리이다.
② 「대한민국헌법」에서는 개인이 가지는 불가침의 기본적 인권을 확인하고 이를 보장할 국가의 의무를 규정하고 있다.
③ 인권은 보편적이고, 불가분하며, 양도할 수 없고, 포기할 수 없는 권리이다.
④ 사회복지실천에서의 인권은 클라이언트에게만 적용되며, 사회복지사에게는 적용되지 않는다.

동형모의고사 1
기출재조합형 중심

제11회

학습일자 _____

풀이시간 _____

점 수 _____

최후의 승리는 인내하는 사람에게 돌아간다.
인내하는 데서 운명이 좌우되고 성공이 따르게 된다.
-나폴레옹

01
영국의 자선조직협회(Charity Organization Society)와 인보관운동(Settlement House Movement)의 성격과 활동을 비교한 내용으로 옳지 않은 것은?

	자선조직협회	인보관운동
① 강조	자선의 효율성	지역사회 참여를 통한 빈곤문제 해결
② 주된 활동가	중산층의 부인	대학생과 성직자
③ 주된 이념	박애사상	사회진화론
④ 활동 목표	개인 변화	사회개혁

02
사회문제에 대한 설명으로 옳지 않은 것은?

① 사회문제는 시간과 공간에 따라 달리 정의될 수 있다.
② 사회문제는 개선을 위해 사회적(집합적) 행동이 요구된다.
③ 사회적 가치 또는 규범에서 벗어난 상태이다.
④ 사회문제는 사회구조적 요인 혹은 개인의 결함으로 인해 발생한다.

03
다음 글에서 설명하는 사회복지실천모델은?

- 사회적, 조직적 환경에 대한 클라이언트의 통제력을 증가시키기 위한 개입모델이다
- 클라이언트를 경험과 역량을 가진, 원조과정의 파트너라고 본다.
- 치료를 통해서가 아니라 클라이언트의 강점을 강조함으로써 클라이언트가 처해 있는 어려움을 해결할 수 있도록 한다.

① 역량강화모델
② 인지행동모델
③ 심리사회모델
④ 과제중심모델

04
사회복지실천에서 윤리원칙들이 상충할 때 로웬버그(Lowenberg)와 돌고프(Dolgoff)의 윤리원칙사정표(Ethical Principles Screen)가 사용된다. 다음과 같은 원칙들이 서로 상충하는 경우 가장 우선적으로 적용해야 하는 원칙부터 순서대로 옳게 나열한 것은?

ㄱ. 평등과 불평등의 원칙
ㄴ. 진실성과 정보개방의 원칙
ㄷ. 사생활 보호와 비밀보장의 원칙
ㄹ. 자율과 자유의 원칙

① ㄱ-ㄷ-ㄹ-ㄴ
② ㄱ-ㄹ-ㄷ-ㄴ
③ ㄹ-ㄱ-ㄷ-ㄴ
④ ㄹ-ㄴ-ㄱ-ㄷ

05 선별주의와 보편주의에 대한 설명으로 옳은 것을 모두 고르면?

> ㄱ. 보편주의는 사회복지 급여를 국민의 권리로 생각한다.
> ㄴ. 선별주의는 정치적 지지 기반의 협소하여 제도적 지속성이 떨어진다.
> ㄷ. 보편주의는 서비스가 필요한 대상을 선정하여 급여를 제공하기 때문에 비용의 효율성이 있다.
> ㄹ. 선별주의는 사회문제가 사회체계의 불완전성과 불공평성에서 기인한다고 본다.

① ㄱ
② ㄱ, ㄴ
③ ㄱ, ㄴ, ㄹ
④ ㄴ, ㄷ, ㄹ

06 인간행동과 성격에 대한 주요 학자의 견해로 옳지 않은 것은?

① 프로이트(Freud)는 성격의 지형학적 구조를 의식, 전의식, 무의식으로 나누었다.
② 반두라(Bandura)는 학습이 직접적 보상이나 처벌에 대한 개인의 경험뿐만 아니라 관찰학습을 통해서도 이루어진다고 보았다.
③ 에릭슨(Erikson)은 각 발달단계에서 심리사회적 위기를 극복할 때 건강한 발달이 나타난다고 보았다.
④ 로저스(Rogers)는 인지적 요인을 강조하였으며 자기강화의 개념을 제시하였다.

07 「노인복지법」상 노인복지시설 중 치매·중풍 등 노인성질환 등으로 심신에 상당한 장애가 발생하여 도움을 필요로 하는 노인을 입소시켜 급식·요양과 그 밖에 일상생활에 필요한 편의를 제공함을 목적으로 하는 시설은?

① 양로시설
② 노인공동생활가정
③ 노인요양시설
④ 노인복지주택

08 신자유주의(neo-liberalism) 이념보다는 사회민주주의(social democracy) 이념에서 더 지지하는 사회복지정책의 가치라고 볼 수 없는 것은?

① 소극적 자유
② 조건의 평등
③ 결과의 평등
④ 배분적 정의

09 우리나라 사회복지사 윤리강령에 대한 설명으로 옳은 것을 모두 고른 것은?

> ㄱ. 1990년대 초 한국사회복지사협회에서 처음 제정하였으며, 2023년에 개정된 윤리강령을 발표했다.
> ㄴ. 공공성과 사회정의를 핵심 가치로 제시하고 있다.
> ㄷ. 기본적 윤리기준, 클라이언트에 대한 윤리기준, 동료에 대한 윤리기준, 기관에 대한 윤리기준, 사회에 대한 윤리기준을 명시하고 있다.
> ㄹ. 사회복지 전문직의 가치와 윤리적 실천을 위한 기준을 안내하고, 윤리적 이해가 충돌할 때 고려해야 할 사항을 제시한다.

① ㄱ, ㄴ
② ㄷ, ㄹ
③ ㄱ, ㄴ, ㄷ
④ ㄱ, ㄷ, ㄹ

10 저출산 및 고령화와 관련된 설명으로 옳은 것을 모두 고르면?

> ㄱ. 우리나라 통계청에서는 노년부양비를 경제활동인구 중에서 65세 이상 인구가 차지하는 비율로 본다.
> ㄴ. 인구 규모가 큰 베이비부머들이 2020년부터 노년기로 진입하면서 노인인구 수가 빠른 속도로 증가하였다.
> ㄷ. 초고령사회(super-aged society)는 전체 인구 중 65세 이상 인구가 차지하는 비율이 20% 이상인 사회를 말한다.
> ㄹ. 우리나라의 출산율은 OECD 국가는 물론이고 전 세계 국가들 중에서도 가장 낮다.

① ㄱ, ㄴ
② ㄱ, ㄷ
③ ㄱ, ㄴ, ㄹ
④ ㄴ, ㄷ, ㄹ

11 사회복지실천에 대한 생태체계적 관점에 대한 설명으로 옳지 않은 것은?

① 체계론과 생태학이론을 결합한 이론적 관점이다.
② 단선적 인과론이 아니라 순환적 인과론을 강조한다.
③ 클라이언트의 문제를 변화시킬 수 있는 하나의 방법과 전략이 존재한다고 보고 이 전략을 찾는 데 초점을 둔다.
④ 체계는 투입과 산출과정에서 비교적 안정된 항상성을 유지하려는 경향을 갖는다고 본다.

12 사회복지조사에서 외적 타당성(external validity)을 높이기 위한 전략에 해당하지 않는 것은?

① 조사반응성(research reactivity)의 발생 가능성을 줄인다.
② 연구표본, 환경 및 절차의 대표성을 높인다.
③ 실험집단과 통제집단을 무작위로 할당한다.
④ 호손효과(Hawthorne effect)를 통제한다.

13 우리나라의 장애인복지법령에서 규정하고 있는 장애의 범주에 속하지 않는 것은?

① 소화기장애
② 안면장애
③ 언어장애
④ 자폐성장애

14 우리나라의 사회보장 관련 주요 법령에서 규정하고 있는 급여 유형의 연결이 옳지 않은 것은?

① 「국민연금법」 – 상병보상연금, 장애연금
② 「산업재해보상보험법」 – 휴업급여, 요양급여
③ 「국민기초생활 보장법」 – 자활급여, 생계급여
④ 「장애인연금법」 – 기초급여, 부가급여

15 로스만(J. Rothman)이 제시한 지역사회복지실천모델에 대한 설명으로 옳은 것만을 모두 고르면?

ㄱ. 지역사회개발모델에서는 주민의 참여를 바탕으로 지역사회 내 문제를 주민들 스스로 해결할 수 있는 자조를 강조하며, 과업목표 지향적이다.
ㄴ. 세 모델 중 전문가 역할을 가장 강조하는 사회계획모델에서는 변화매개체로 관료조직이나 공식조직을 활용한다.
ㄷ. 사회행동모델에서 사회복지사는 대변자 및 행동가의 역할을 수행한다.

① ㄱ, ㄴ
② ㄱ, ㄷ
③ ㄴ, ㄷ
④ ㄱ, ㄴ, ㄷ

16 비율측정에 대한 설명으로 옳은 것을 모두 고르면?

ㄱ. 온도, 지능지수(IQ)가 해당한다.
ㄴ. 속성 간에 서열관계만 존재할 뿐, 속성 간의 거리나 간격이 동일하지 않다.
ㄷ. 명목, 서열, 등간측정의 특성을 모두 가진다.
ㄹ. 해당 속성이 전혀 없는 상태인 절대 0값이 존재한다.

① ㄱ, ㄴ, ㄷ
② ㄱ, ㄷ, ㄹ
③ ㄴ, ㄹ
④ ㄷ, ㄹ

17 가족치료모델 중 다음 설명에 해당하는 것은?

> - 원가족과 해결되지 않은 정서문제가 여러 세대에 걸쳐 반복되며 지속적으로 나타날 수 있다고 전제한다.
> - 가족의 분화수준을 촉진하여 삼각관계에서 벗어날 수 있도록 개입한다.

① 보웬(Bowen)의 다세대 가족치료모델
② 헤일리(Haley)의 전략적 가족치료모델
③ 사티어(Satir)의 경험적 가족치료모델
④ 미누친(Minuchin)의 구조적 가족치료모델

18 「정신건강증진 및 정신질환자 복지서비스 지원에 관한 법률」상 정신건강사회복지에 대한 설명으로 옳지 않은 것은?

① 정신질환의 예방·치료, 정신질환자의 재활·복지·권리보장과 정신건강 친화적인 환경 조성에 필요한 사항을 규정하고 있다.
② 정신질환자란 망상, 환각, 사고(思考)나 기분의 장애 등으로 인하여 독립적으로 일상생활을 영위하는 데 중대한 제약이 있는 사람을 말한다.
③ 정신재활시설은 정신건강증진시설에 해당하지만, 정신병원은 정신건강증진시설에 해당하지 않는다.
④ 보건복지부장관은 정신건강전문요원의 자격증을 교부할 수 있으며, 정신건강전문요원은 정신건강사회복지사, 정신건강임상심리사, 정신건강간호사 및 정신건강작업치료사로 구분된다.

19 3~6세의 유아기에 대한 설명으로 옳은 것은?

① 제1차 신체적 성장 급등기에 해당하는 시기이다.
② 피아제(Piaget)가 제시한 전조작기 단계의 사고가 주로 나타나는 시기이다.
③ 에릭슨(Erikson)은 이 시기의 심리사회적 위기를 극복하면 성실이라는 미덕을 획득한다고 보았다.
④ 논리적 사고, 보존 개념, 서열화, 분류 능력이 발달한다.

20 사회복지 역사에 대한 설명으로 옳지 않은 것은?

① 스핀햄랜드제도는 최저생계비를 정하여 임금의 부족분을 보충해 주는 제도로서 일종의 최저생활보장제도이다.
② 개정구빈법은 전국적으로 빈민에 대한 처우를 균일하게 하였고, 빈민의 처우를 적어도 최하층 근로자의 생활수준 이상이 되도록 하였다.
③ 비스마르크의 3대 사회보험 중 가장 먼저 제정된 것은 질병보험이다.
④ 자선조직협회는 빈곤의 원인을 개인의 성격적 결함으로 인식했으며, 일체의 중복 구호를 없애고자 하였다.

동형모의고사 1
기출재조합형 중심

제12회

학습일자 _____

풀이시간 _____

점   수 _____

천천히 조급하지 않게 걷는 자에게 지나치게 먼 길은 없다.
끈기있게 준비하는 자에게 지나치게 멀리 있는 이득은 없다.
— 장 드 라브뤼예르

01 「국민기초생활 보장법」상 용어에 대한 설명으로 옳지 않은 것은?

① "최저보장수준"이란 국민이 건강하고 문화적인 생활을 유지하기 위하여 필요한 최소한의 비용으로서 보건복지부장관이 계측하는 금액을 말한다.
② "부양의무자"란 수급권자를 부양할 책임이 있는 사람으로서 수급권자의 1촌의 직계혈족 및 그 배우자를 말한다.
③ "보장기관"이란 이 법에 따른 급여를 실시하는 국가 또는 지방자치단체를 말한다.
④ "소득인정액"이란 개별가구의 소득평가액과 재산의 소득환산액을 합산한 금액을 말한다.

02 다음 우리나라의 사회복지제도 중 선별적인 복지제도에 해당하지 않는 것은?

① 아동수당
② 디딤씨앗통장사업
③ 근로장려세제(EITC)
④ 장애수당

03 우리나라의 가족복지정책에 대한 설명으로 옳지 않은 것은?

① 부모급여는 2세 미만 아동을 대상으로 하는 비기여-비자산조사 프로그램이다.
② 출산전후휴가란 산모와 태아의 건강보호를 위해 임신 중인 근로자가 출산전후에 90일(다태아인 경우 120일)의 유급의 출산휴가를 사용하는 것을 말한다.
③ 양육수당은 유치원이나 어린이집을 이용하지 아니하는 영유아에 대하여 소득을 고려하여 양육에 필요한 비용을 차등 지원하는 제도이다.
④ 아동수당은 아동 양육에 따른 경제적 부담을 경감하고 건강한 성장 환경을 조성함으로써 아동의 기본적 권리와 복지를 증진함을 목적으로 8세 미만의 모든 아동에게 지원하는 현금급여이다.

04 「노인복지법」상 노인여가복지시설로 옳지 않은 것은?

① 노인복지관
② 주간보호시설
③ 노인교실
④ 경로당

05 체계이론과 관련된 용어에 대한 설명으로 옳은 것은?

① 항상성은 부분임과 동시에 전체라는 체계의 속성을 의미한다.
② 순환적 인과성은 체계 내 한 부분의 변화는 다른 부분에 영향을 미치고 전체체계에도 파급 효과가 있음을 의미한다.
③ 안정상태는 체계 내외부에서 발생한 변화로 균형이 깨졌을 때 회복하고자 하는 경향을 의미한다.
④ 역엔트로피(negentropy)는 체계 외부로부터 에너지가 유입되어 체계 내부에 유용하지 않은 에너지가 감소하는 것을 의미한다.

06 사회복지서비스 전달체계가 갖추어야 할 주요 원칙에 대한 설명으로 옳은 것은?

① 지속성의 원칙 : 클라이언트가 사회적 서비스를 쉽게 이용할 수 있어야 한다는 것이다.
② 포괄성의 원칙 : 클라이언트는 자신이 욕구충족이나 문제해결 및 서비스 목표달성에 충분한 양과 질의 서비스를 제공받을 수 있어야 한다는 것이다.
③ 평등성의 원칙 : 사회복지서비스는 클라이언트의 연령, 성별, 지역, 종교 등을 막론하고 차별 없이 제공되어야 하는 것이다.
④ 전문성의 원칙 : 사회복지조직은 서비스제공에 대해 위임받은 조직이므로 서비스전달에 책임을 져야 한다는 것이다.

07 장애인연금제도에 대한 설명으로 옳지 않은 것은?

① 생활이 어려운 중증장애인에게 장애인연금을 지급함으로써 중증장애인의 생활 안정 지원과 복지 증진 및 사회통합을 도모하는 데 이바지함을 목적으로 한다.
②「공무원연금법」에 따른 퇴직연금을 받는 사람에게는 장애인연금을 지급하지 않는다.
③ 18세 이상의 모든 중증장애인에게 지급한다.
④ 수급권자와 그 배우자가 모두 기초급여를 받는 경우에는 각각의 기초급여액에서 기초급여액의 100분의 20에 해당하는 금액을 감액한다.

08 사회적 배제(social exclusion)에 대한 설명으로 옳은 것을 모두 고르면?

ㄱ. 1980년대 이후의 사회구조적 변화 속에서 나타난 새로운 사회적 위험(new social risks)이다.
ㄴ. 불이익의 다양한 차원보다는 소득빈곤에 명확한 초점을 두고 이를 해결하고자 한다.
ㄷ. 공공부조와 실업급여 등 사전적 조치로 해결 가능하다.
ㄹ. 빈곤화(impoverishment)에 이르는 역동적 과정(dynamic process)을 강조한다.

① ㄱ, ㄴ, ㄷ   ② ㄱ, ㄹ
③ ㄴ, ㄹ   ④ ㄴ, ㄷ, ㄹ

09 우리나라 사회보장체계에서 사회보험에 해당하는 급여를 모두 고르면?

> ㄱ. 장애연금
> ㄴ. 군인연금
> ㄷ. 기초연금
> ㄹ. 상병보상연금

① ㄱ
② ㄱ, ㄴ
③ ㄱ, ㄴ, ㄷ
④ ㄱ, ㄴ, ㄹ

10 지역사회보장협의체에 대한 설명으로 옳지 않은 것은?

① 지역의 사회보장을 증진하고, 사회보장과 관련된 서비스를 제공하는 관계 기관·법인·단체·시설과 연계·협력을 강화하기 위하여 해당 시·도에 지역사회보장협의체를 둔다.
② 시·군·구의 사회보장 추진에 관한 사항을 심의·자문한다.
③ 지역사회보장협의체의 위원은 시장·군수·구청장이 임명 또는 위촉한다.
④ 지역사회보장협의체의 업무를 효율적으로 수행하기 위하여 지역사회보장협의체에 실무협의체를 둔다.

11 조지와 윌딩(George & Wilding)이 제시한 사회복지의 이념에 대한 설명으로 옳지 않은 것은?

① 반집합주의 - 시장경제의 자동조절 기능을 안정된 것으로 본다.
② 소극적 집합주의 - 자유시장 체제를 수정·보완해야 한다고 주장한다.
③ 페이비언 사회주의 - 국가가 적극적으로 나서서 국민의 생활과 자유를 보장해야 한다고 주장했다.
④ 마르크스주의 - 토오니(Tawney)와 티트머스(Titmuss)가 대표적인 인물에 해당한다.

12 가족문제를 다음과 같이 바라본다면 이는 어떤 이론적 관점에 해당하는가?

> 남편이 생계를 책임지고 부인은 가사를 책임지는 역할분담을 벗어나는 가족의 상태를 병리적인 가족해체라고 본다.

① 상호작용이론
② 갈등이론
③ 사회구성주의이론
④ 구조기능주의이론

13 사회복지실천과정 중 계획단계에서 요구되는 사회복지사의 과업은?

① 클라이언트의 변화를 확인하고 이를 유지할 수 있는 방법을 모색한다.
② 참여를 유도하기 위한 긍정적 친화관계를 형성한다.
③ 클라이언트의 문제와 욕구에 대해 다차원적으로 조사한다.
④ 우선순위에 따라 표적문제를 정하고 개입목표를 설정한다.

14 1980년대 영국 대처리즘과 미국 레이거노믹스의 복지정책 기조가 아닌 것은?

① 복지예산 삭감
② 복지 제공의 민영화
③ 보편주의에서 선별주의로 선회
④ 공공지원 확대와 근로연계복지(workfare) 축소

15 다음 중 동질성의 원리에 기반을 둔, 측정도구의 신뢰도 평가방법은 무엇인가?

① 검사–재검사법
② 반분법
③ 유사양식법
④ 상호관찰자기법

16 2000년 이후 전개된 우리나라의 지역사회복지 변화에 해당하지 않는 것은?

① 사회복지통합관리망(행복e음)이 도입되었다.
② 지역사회복지계획 수립이 의무화되었다.
③ 읍·면·동에 사회복지전문요원을 배치하였다.
④ 사회복지관의 운영이 지방이양사업으로 변경되었다.

17 사회과학으로서 사회복지학의 특성에 대한 설명으로 옳지 않은 것은?

① 사회문제의 해결이나 욕구충족과 같은 실질적인 문제해결에 주된 관심을 둔다.
② 사회복지학이 추구하는 문제해결이나 욕구충족은 가치중립적 성격을 갖는다.
③ 다학문적인 성격을 가지고 있기 때문에 사회과학의 다양한 학문적 성과를 총체적으로 활용한다.
④ 인간의 문제가 복합적인 경우가 많아 전체적인(holistic) 접근이 필요하다.

18 스핀햄랜드법(Speenhamland Act)에 대한 설명으로 옳은 것을 모두 고르면?

ㄱ. 빈민들의 이동을 금지하여 빈곤문제를 교구 단위로 해결하고자 제정되었다.
ㄴ. 최저생계비를 설정하여 최저생활기준에 미달되는 임금의 부족액을 보조하였다.
ㄷ. 최저생계비는 지역의 식량가격과 부양가족 수에 따라 다르게 책정되었다.
ㄹ. 이 법의 시행은 빈민의 독립심과 노동능률을 저하시켰다.

① ㄱ, ㄴ
② ㄴ, ㄷ
③ ㄷ, ㄹ
④ ㄴ, ㄷ, ㄹ

19 공정한 사회 구성의 원리를 도출하기 위해 존 롤스(John Rawls)가 제시한 개념에 해당하지 않는 것은?

① 원초적 입장(original position)
② 공정한 기회균등의 원칙(principle of fair equality of opportunity)
③ 평등과 불평등의 원칙(principle of equality & inequality)
④ 차등의 원칙(principle of difference)

20 다음 설명에 해당하는 자아 방어기제의 종류는?

자녀가 교내에서 발생한 심각한 학교폭력 가해자 무리에 속했다는 말을 듣고 '다른 애들은 몰라도 내 아이는 아니다. 내 아이는 절대 그런 행동을 할 리가 없다'고 말하는 부모

① 억압
② 부정
③ 투사
④ 퇴행

동형모의고사 1
기출재조합형 중심

제13회

학습일자 _____

풀이시간 _____

점　수 _____

너무 소심하고 까다롭게 자신의 행동을 고민하지 말라.
모든 인생은 실험이다. 더 많이 실험할 수록 더 나아진다.
　　　　　　　　　　　　　　　　-랄프 왈도 에머슨

01. 「아동복지법」에서 규정하고 있는 아동복지시설에 해당하지 않는 것은?

① 아동양육시설
② 가정위탁지원센터
③ 어린이집
④ 자립지원시설

02. 사회복지의 이념적 특성에 대한 설명으로 옳지 않은 것은?

① 신자유주의는 사회복지에 대한 민영화와 기업에 대한 규제 완화를 강조한다.
② 제3의 길은 국가에 대한 경제적 의존을 줄여 위험을 공동 부담하는 의식 전환을 강조한다.
③ 소극적 집합주의는 시장경제의 약점을 수정·보완하기 위해 어느 정도 시장에 대한 국가의 개입이 필요하다고 인정한다.
④ 케인즈주의는 사회민주주의와 신자유주의를 상호보완적으로 결합하여 인간의 얼굴을 한 시장경제를 추구한다.

03. 「기초연금법」상 기초연금제도에 대한 설명으로 옳은 것은?

① 비기여-비자산조사 프로그램이다.
② 노인에게 기초연금을 지급하여 안정적인 소득기반을 제공함으로써 노인의 생활안정을 지원하고 복지를 증진함을 목적으로 하는 보편적인 제도이다.
③ 「공무원연금법」에 따른 퇴직연금을 받는 사람과 그 배우자에게는 기초연금을 지급하지 않는다.
④ 보건복지부장관은 선정기준액을 정하는 경우 65세 이상인 사람 중 기초연금 수급자가 100분의 80 수준이 되도록 한다.

04. 한국 사회복지사 윤리강령에서 제시하고 있는 윤리강령의 목적으로 옳지 않은 것은?

① 사회복지 전문직의 사명과 사회복지 실천의 기반이 되는 핵심 가치를 제시한다.
② 사회복지 실천의 지침으로 사용될 윤리기준을 제시한다.
③ 시민에게 전문가로서 사회복지사의 지식과 기술을 알리는 수단으로 작용한다.
④ 사회복지사가 전문가로서 품위와 자질을 유지하고, 자기 관리를 통해 클라이언트를 보호할 수 있도록 안내한다.

05 유럽의 사회보험(social insurance) 도입에 대한 설명으로 옳지 않은 것은?

① 영국은 국민보험법(1911) 제정으로 노령연금과 건강보험 제도를 도입하였다.
② 자본주의의 발전과 각종 사회문제의 심화, 노동계급의 정치세력화 등이 유럽의 사회보험 도입에 영향을 미쳤다.
③ 영국은 노동자 정당과 우호적 관계에 있던 자유당 정권에 의해 20세기 초 사회보험이 도입되었다.
④ 세계 최초의 사회보험은 독일 비스마르크(Bismarck)가 사회주의 운동 확산에 위협을 느껴 19세기 후반에 도입한 질병보험이다.

06 집단사회복지실천에 대한 설명으로 옳지 않은 것은?

① 집단 준비단계에는 집단의 구성, 지속기간, 회합 빈도를 결정한다.
② 집단의 목표달성 및 결속감 강화에 부정적인 영향을 미치므로 집단역동성(group dynamics)이 생기지 않도록 개입해야 한다.
③ 집단사회복지실천과정 중 초기단계에는 구성원들이 집단에서 성취하고자 하는 개인적 목표를 설정하도록 돕는다.
④ 교육집단은 집단성원에게 기술과 정보를 제공할 목적을 가지며, 교육과 강의 중심으로 구성된다.

07 '제3의 길'이 지향하는 '사회투자국가'의 특징에 해당하지 않는 것은?

① 사회투자국가에서 복지지출은 어떠한 경우에도 허용된다.
② 경제정책과 사회정책의 통합성을 강조하지만 경제정책을 사회정책보다 우선한다.
③ 결과의 평등보다 기회의 평등을 중시한다.
④ 시민은 노동을 통해 스스로 자신을 부양할 것을 강조한다.

08 사회복지 전달체계의 개편과정에서 등장한 다음 내용을 먼저 도입된 것부터 순서대로 옳게 나열한 것은?

> ㄱ. 읍·면·동 복지허브화 실시
> ㄴ. 시·군·구 희망복지지원단 설치
> ㄷ. 사회복지통합관리망 구축
> ㄹ. 읍·면·동 단위에 사회복지전문요원을 배치하여 공공복지의 토대 마련

① ㄱ-ㄷ-ㄴ-ㄹ
② ㄴ-ㄷ-ㄹ-ㄱ
③ ㄷ-ㄴ-ㄹ-ㄱ
④ ㄹ-ㄷ-ㄴ-ㄱ

09 「아동권리에 관한 국제협약」에 대한 설명으로 옳지 않은 것은?

① 아동의 권리를 참여권, 보호권, 발달권, 평등권으로 규정하고 있다.
② UN에서 1989년에 채택하였고, 우리나라는 1991년에 이 협약에 비준하였다.
③ 국내법과 동일한 법적 효력을 갖는다.
④ 국가와 지방자치단체는 「아동의 권리에 관한 협약」에서 규정한 아동의 권리 및 복지 증진 등을 위하여 필요한 시책을 수립·시행하고, 이에 필요한 교육과 홍보를 하여야 한다.

10 사회복지 조사연구의 과정을 순서대로 바르게 나열한 것은?

ㄱ. 이론 및 선행연구를 토대로 조사가설을 설정한다.
ㄴ. 결과를 해석하고 보고서를 작성한다.
ㄷ. 설문지를 개발하고 신뢰도와 타당도를 확인한다.
ㄹ. 조사문제를 설정한다.
ㅁ. 자료를 수집하여 분석한다.

① ㄱ → ㄴ → ㄷ → ㄹ → ㅁ
② ㄱ → ㄷ → ㄹ → ㄷ → ㅁ
③ ㄹ → ㄱ → ㅁ → ㄷ → ㅁ
④ ㄹ → ㄱ → ㄷ → ㅁ → ㄴ

11 「사회복지사업법」상 동일한 사회복지관 기능에 해당하는 사업으로만 묶은 것은?

ㄱ. 복지네트워크 구축   ㄴ. 사례발굴
ㄷ. 주민조직화   ㄹ. 지역사회보호
ㅁ. 교육문화

① ㄱ, ㄴ, ㄹ
② ㄴ, ㄹ, ㅁ
③ ㄱ, ㄷ
④ ㄷ, ㄹ, ㅁ

12 우리나라의 현행 장애인복지제도에 대한 설명으로 옳지 않은 것은?

① 「장애인복지법」상 장애인의 날은 4월 20일이다.
② 「장애인차별금지 및 권리구제 등에 관한 법률」상 보조견 또는 장애인보조기구 등의 정당한 사용을 방해하는 것은 차별행위에 해당한다.
③ 「장애인활동 지원에 관한 법률」상 활동지원급여에는 활동보조, 방문목욕, 방문간호 등이 있다.
④ 장애인 지역사회재활시설이란 거주공간을 활용하여 일반가정에서 생활하기 어려운 장애인에게 일정 기간 동안 거주·요양·지원 등의 서비스를 제공하는 동시에 지역사회생활을 지원하는 시설을 말한다.

13 사회복지급여의 형태에 대한 설명으로 옳은 것은?

① 현금 – 급여용도 외로 사용될 가능성이 낮다.
② 현물 – 실효성을 높이는 데 이용자의 합리적 선택능력이 중요시된다.
③ 바우처 – 일종의 교환권으로 사용처에 제한을 둔 상태에서 수급자에게 선택기회를 제공할 수 있는 급여 형태이다.
④ 기회 – 물품과 자원에 대한 통제력을 재분배하는 것과 연관된다.

14 「사회복지사업법」에서 명시하고 있는 용어의 정의로 옳지 않은 것은?

① "사회복지서비스"란 「사회보장기본법」에 따른 사회서비스 중 사회복지사업을 통한 서비스를 제공하여 삶의 질이 향상되도록 제도적으로 지원하는 것을 말한다.
② "사회복지시설"이란 지역사회를 기반으로 일정한 시설과 전문인력을 갖추고 지역주민의 참여와 협력을 통하여 지역사회의 복지문제를 예방하고 해결하기 위하여 종합적인 복지서비스를 제공하는 시설을 말한다.
③ "보건의료서비스"란 국민의 건강을 보호·증진하기 위하여 보건의료인이 하는 모든 활동을 말한다.
④ "지역사회복지"란 주민의 복지증진과 삶의 질 향상을 위하여 지역사회 차원에서 전개하는 사회복지를 말한다.

15 공적연금의 재정운영 방식 중 부과방식(pay-as-you-go)의 특징에 해당하는 것은?

① 인플레이션의 영향을 비교적 많이 받는다.
② 시행 초기에 재정적 부담이 적다.
③ 연금의 장기적 수리 추계가 필요하다.
④ 저출산 및 노령화와 같은 인구구조의 변동에 비교적 영향을 받지 않는다.

16 긴급복지지원제도에 대한 설명으로 옳은 것만을 모두 고르면?

ㄱ. 기존 복지제도로 대처하기 어려운 위기상황에 대처하기 위해 2005년에 「긴급복지지원법」이 제정되었다.
ㄴ. 다른 법률에 따라 긴급지원의 내용과 동일한 내용의 구호·보호 또는 지원을 받고 있는 경우라도 긴급지원을 실시할 수 있다.
ㄷ. 생계지원, 의료지원, 주거지원, 사회복지시설 이용 지원 등을 제공한다.

① ㄱ
② ㄱ, ㄷ
③ ㄴ, ㄷ
④ ㄱ, ㄴ, ㄷ

17 「아동복지법」상 지역사회 아동의 보호·교육, 건전한 놀이와 오락의 제공, 보호자와 지역사회의 연계 등 아동의 건전육성을 위하여 종합적인 아동복지서비스를 제공하는 시설은?

① 지역아동센터
② 아동양육시설
③ 아동복지관
④ 아동일시보호시설

18 테일러-구비(Taylor-Gooby)가 제시한 새로운 사회적 위험의 발생 원인에 해당하지 않는 것은?

① 가계 부채의 증가와 주거불안정의 증대
② 여성의 경제활동참여 증가에 따른 일-가정 양립의 어려움
③ 노인인구 증가로 인한 복지비용 증가와 노인 돌봄 부담의 증대
④ 기술 발전과 비숙련직 감소로 인한 저교육 노동자들의 사회적 배제와 근로빈곤층의 증가

19 현행 「정신건강증진 및 정신질환자 복지서비스 지원에 관한 법률」상 용어의 정의를 옳게 제시한 것은?

① "정신건강복지센터"란 정신질환자의 사회적응을 위한 각종 훈련과 생활지도를 하는 시설이다.
② "정신건강증진사업"이란 정신건강 관련 교육·상담, 정신질환의 예방·치료, 정신질환자의 재활, 정신건강에 영향을 미치는 사회복지·교육·주거·근로 환경의 개선 등을 통하여 국민의 정신건강을 증진시키는 사업을 말한다.
③ "정신재활시설"이란 정신건강증진시설, 사회복지시설, 학교 및 사업장과 연계체계를 구축하여 지역사회에서의 정신건강증진사업 및 정신질환자 복지서비스 지원사업을 하는 기관 또는 단체를 말한다.
④ "정신요양시설"이란 정신질환자를 입소시켜 요양 서비스를 제공하는 정신병원이나 정신건강의학과를 말한다.

20 조선시대의 구빈제도로 옳지 않은 것은?

① 사창(社倉)
② 자휼전칙(字恤典則)
③ 진휼청(賑恤廳)
④ 흑창(黑倉)

동형모의고사 1
기출재조합형 중심

제14회

학습일자 _____

풀이시간 _____

점   수 _____

춤추는 별을 잉태하려면
반드시 스스로의 내면에 혼돈을 지녀야 한다.
— 프레드리히 니체

01 윤리원칙 심사표(EPS)에서 제시하는 원칙으로 옳지 않은 것은?

① 생명보호의 원칙은 클라이언트의 비밀보장 원칙에 우선한다.
② 자율과 자유의 원칙은 평등과 불평등의 원칙에 우선한다.
③ 최소손실의 원칙은 삶의 질의 원칙에 우선한다.
④ 평등과 불평등의 원칙은 진실과 완전공개의 원칙에 우선한다.

02 다음에서 설명하는 것과 관련되는 개념은?

- 시장실패 요인에 해당한다.
- 대가를 치르지 않고 그것을 소비하려는 사람을 배제할 수 없다.
- 어떤 사람이 한 재화의 소비에 추가적으로 참여한다고 해서 다른 사람의 소비가능성이 줄어들지 않는다.

① 공공재
② 외부효과
③ 도덕적 해이
④ 규모의 경제

03 사회복지행정모델에 대한 설명으로 옳은 것은?

① 관료제모형은 직원의 작업동작과 소요시간을 가장 효율적인 방식으로 표준화한 후 작업수행과 보상을 연결하여 차등적 성과급을 지급하는 방식의 기능적 관리를 강조한다.
② 과학적 관리모형에서는 조직을 둘러싼 외부 환경을 이해하고 환경 변화에 맞춘 조직 관리가 중요하다고 본다.
③ 정치경제모형은 조직의 생존에 필요한 정치적 자원과 경제적 자원을 제공하는 업무환경의 중요성을 강조한다.
④ 인간관계모형은 조직의 생산성에 직원의 심리적 요인보다는 물리적 환경이 더 많은 영향을 미친다고 본다.

04 다음 설명에 해당하는 조사방법은?

베이비붐 초기 세대인 1955년생들의 노년기 삶의 만족도 변화를 연구하기 위하여 2020년부터 10년 동안 모집단(1955년생 전체)에서 매년 다른 표본을 추출하여 삶의 만족도를 조사한다.

① 패널조사
② 경향분석
③ 동류집단조사
④ 횡단조사

05 사회복지실천에서 사정(assessment)에 대한 설명으로 옳지 않은 것은?

① 사정의 영역에는 욕구, 자원, 장애물 등이 포함된다.
② 수집된 자료를 분석하고 심사숙고하여 문제를 규정하는 과정이다.
③ 사정 과정에서는 클라이언트의 욕구 및 참여보다 사회복지사의 전문성이 더 우선시된다.
④ 사정에서는 클라이언트와 그를 둘러싼 환경의 부정적 측면뿐만 아니라 긍정적 측면도 고려해야 한다.

06 아동기(7~12세)에 해당하는 프로이트의 발달단계와 에릭슨의 심리사회적 위기를 옳게 제시한 것은?

① 남근기, 주도성 대 죄의식
② 생식기, 생산성 대 침체
③ 항문기, 자율성 대 수치심과 의심
④ 잠복기, 근면성 대 열등감

07 사회보험에 대한 설명으로 옳지 않은 것은?

① 위험분산과 소득재분배 효과를 극대화하기 위해 법적인 강제성을 가지고 최대한 많은 대상을 포함하여야 한다.
② 자산조사를 수급조건으로 한다.
③ 사전에 규정된 욕구(presumed need)에 따라 급여가 제공된다.
④ 급여의 수준이 기여의 정도에 단순비례하지 않거나, 저소득자에게 유리하게 설계되면 좋다.

08 8세 미만 아동에게 매월 10만원씩 지급하는 우리나라의 아동수당은 다음 중 어떤 평등의 가치를 반영하는가?

① 수량적 평등
② 비례적 평등
③ 기회의 평등
④ 조건의 평등

09 「국민기초생활 보장법」의 내용으로 옳지 않은 것은?

① 급여를 신청할 수 있는 자는 수급권자와 그 친족, 그 밖의 관계인 등이며, 수급권자의 동의하에 사회복지전담공무원이 직권에 의해 신청할 수도 있다.
② "부양의무자"란 수급권자를 부양할 책임이 있는 사람으로서 수급권자의 1촌의 직계혈족 및 그 배우자를 말한다.
③ 이 법에 따른 급여는 부양의무자의 부양과 다른 법령에 따른 보호에 우선하여 행하여지는 것으로 한다.
④ 이 법에 따른 급여는 건강하고 문화적인 최저생활을 유지할 수 있는 것이어야 한다.

10 복지국가 위기 이후의 재편방향과 가장 거리가 먼 것은?

① 제3의 길
② 복지다원주의(welfare pluralism)
③ 베버리지 보고서(Beveridge Report)
④ 슘페테리안 워크페어 국가(Schumpeterian Workfare State)

11 길버트법(1782년)에 대한 설명으로 옳지 않은 것은?

① 구빈에 대한 새로운 인도주의적 접근이라는 평가를 받았다.
② 오늘날의 가족수당 또는 최저생활보장의 기반이 된 법이다.
③ 노동력을 가진 빈민에 대해 원외구호(outdoor relief)를 허용했다.
④ 빈민의 수용 구호를 원칙으로 하는 기존 작업장 제도를 완화했다.

12 실험설계(experimental design)를 구성하는 기본 요소에 해당하지 않는 것은?

① 독립변수의 조작
② 외생변수의 통제
③ 실험집단과 통제집단에 대한 무작위 할당
④ 종속변수에 대한 반복적인 관찰

13 「사회보장기본법」에서 명시하고 있는 사회적 위험에 해당하는 것은?

① 양육
② 저출산
③ 고령화
④ 환경문제

14 우리나라의 근대 이전 사회복지시설이나 제도에 대한 설명이 옳게 연결된 것은?

① 동서대비원 - 오늘날의 병원과 수용시설을 겸한 고려시대 요양기관
② 수한질여진대지제 - 천재지변, 전쟁, 질병 등으로 피해를 입은 이재민들에게 쌀, 잡곡, 소금, 의류 등 각종 물품과 의료, 주거 등을 제공하는 조선시대의 구휼제도
③ 대곡자모구면 - 춘궁기 등에 백성에게 대여한 관곡을 거두어들일 시기가 되었는데 재해로 인한 흉작으로 상환이 곤란할 때에는 원래의 관곡만 받고 이자를 감면해준 고려시대의 구휼제도
④ 상평창 - 곡물 가격의 변동에 따라 생활을 위협받는 일반 농민을 보호하고 물가를 안정시키기 위해 조선시대에 처음 도입된 비황제도

15 「긴급복지지원법」에 따른 긴급지원에 대한 설명으로 옳지 않은 것은?

① 다른 법률에 따라 긴급지원의 내용과 동일한 내용의 구호·보호 또는 지원을 받고 있는 경우에는 긴급지원을 하지 않는다.
② 국민기초생활보장 수급권자를 대상으로 한다.
③ 2006년 3월부터 시행된 제도이다.
④ 시장·군수·구청장은 긴급지원에도 불구하고 위기상황이 계속되는 경우 긴급지원심의위원회의 심의를 거쳐 지원을 연장할 수 있다.

16 사회보장제도와 주된 소득재분배 효과의 연결이 옳지 않은 것은?

① 사회보험 - 수평적 재분배
② 공공부조 - 수직적 재분배
③ 적립방식 연금제도 - 세대 내 재분배
④ 부과방식 연금제도 - 시점 간 재분배

17 사회복지법인에 대한 설명으로 옳은 것은?

① 사회복지법인을 설립하려는 자는 대통령령으로 정하는 바에 따라 보건복지부장관의 허가를 받아야 한다.
② 외국인은 사회복지법인의 이사가 될 수 없다.
③ 사회복지법인은 대표이사를 포함한 이사 7명 이상과 감사 3명 이상을 두어야 한다.
④ 사회복지법인의 이사는 해당 법인이 설치한 사회복지시설의 장을 제외한 그 시설의 직원을 겸할 수 없다.

18 다음 설명에 해당하는 사회복지서비스 전달체계 구축원칙은?

- 클라이언트의 다양한 문제해결을 위해 필요한 서비스 프로그램들은 서로 연계되어 체계적으로 제공되어야 한다.
- 이를 위해 서비스 및 서비스 전달조직 간 유기적 연계와 협조체계를 구축해야 한다.

① 책임성
② 통합성
③ 적절성
④ 포괄성

19 길버트와 테렐(Gilbert & Terrell)이 분류한 사회복지급여 할당의 원리를 가장 보편적인 것부터 순서대로 옳게 나열한 것은?

ㄱ. 자산조사
ㄴ. 보상
ㄷ. 귀속적 욕구
ㄹ. 진단적 구분

① ㄹ-ㄴ-ㄱ-ㄷ
② ㄹ-ㄷ-ㄱ-ㄴ
③ ㄷ-ㄱ-ㄹ-ㄴ
④ ㄷ-ㄴ-ㄹ-ㄱ

20 테일러와 로버츠(Taylor & Roberts)가 제시한 지역복지실천모델 중 후견인과 클라이언트가 서로 비슷한 정도의 영향력을 행사하는 모델은?

① 지역사회개발모델
② 지역사회연계모델
③ 정치적 권력강화모델
④ 프로그램개발 및 조정모델

동형모의고사 1
기출재조합형 중심

제15회

학습일자 _____

풀이시간 _____

점   수 _____

만일 내게 나무를 베기 위해 한 시간만 주어진다면,
우선 나는 도끼를 가는데 45분을 쓸 것이다.

-에이브러햄 링컨

01 리머(F. Reamer)가 제시한 윤리적 의사결정 준거틀에 대한 설명으로 옳은 것은?

① 인간행위의 필수적 전제조건에 대한 기본적인 위해를 막는 규칙은 거짓말을 하거나 비밀정보를 누설하는 것과 같은 위해를 막는 규칙보다 우선한다.
② 타인의 자기결정권은 개인의 기본적 복지권보다 우선한다.
③ 개인의 기본적 복지권은 그 자신의 자기결정권보다 우선한다.
④ 개인의 완전한 재산관리권은 주택, 교육, 공공부조와 같은 공공재를 증진시킬 의무보다 우선한다.

02 「노인복지법」의 규정으로 옳은 것을 모두 고르면?

ㄱ. "노인학대"라 함은 노인에 대하여 신체적·정신적·정서적·성적 폭력 및 경제적 착취 또는 가혹행위를 하거나 유기 또는 방임을 하는 것을 말한다.
ㄴ. 노인에 대한 사회적 관심과 공경의식을 높이기 위하여 매년 10월 2일을 노인의 날로, 매년 10월을 경로의 달로 한다.
ㄷ. 국가 또는 지방자치단체는 재가노인복지시설을 설치할 수 있고, 국가 또는 지방자치단체 외의 자가 재가노인복지시설을 설치하고자 하는 경우에는 시장·군수·구청장에게 신고하여야 한다.
ㄹ. 누구든지 노인학대를 알게 된 때에는 노인보호전문기관 또는 수사기관에 신고할 수 있다.

① ㄱ, ㄴ
② ㄱ, ㄷ
③ ㄴ, ㄷ, ㄹ
④ ㄱ, ㄴ, ㄷ, ㄹ

03 사회복지조사에서 내적 타당도(internal validity) 저해요인에 해당하지 않는 것은?

① 통계적 회귀
② 조사반응성
③ 사후검사와 동일한 사전검사의 실시
④ 개입효과의 확산과 모방

04 우리나라의 '사회복지사 윤리강령 전문'에서 명시하고 있는, 사회복지 전문직이 추구하는 실천 가치에 해당하지 않는 것은?

① 인간의 존엄성과 가치 존중
② 천부의 자유권과 생존권 보장
③ 사회복지사의 사회적 지위와 기능 향상
④ 개인의 주체성과 자기 결정권 보장

05 반두라 사회학습이론의 주요 개념에 해당하지 않는 것은?

① 조작적 조건화
② 관찰학습
③ 자기강화
④ 자기효능감

07 등간 척도에 해당하지 않는 것은?

① 섭씨온도
② 지능지수
③ 1일 평균 학습시간
④ 100점 만점 기준으로 채점한 사회복지학개론 점수

06 「사회보장급여의 이용·제공 및 수급권자 발굴에 관한 법률」에서 규정하고 있는 지역사회보장협의체에 대한 설명으로 옳은 것을 모두 고르면?

ㄱ. 전국 시·도, 시·군·구, 읍·면·동 단위에 설치한다.
ㄴ. 시·군·구의 사회보장 추진에 관한 사항을 심의·자문한다.
ㄷ. 사회보장에 관한 업무를 담당하는 공무원은 지역사회보장협의체의 위원으로 위촉될 수 없다.
ㄹ. 읍·면·동 단위 지역사회보장협의체의 구성 및 운영에 관한 사항을 심의·자문한다.

① ㄱ, ㄴ
② ㄱ, ㄷ
③ ㄴ, ㄹ
④ ㄴ, ㄷ, ㄹ

08 사회복지실천에서 클라이언트의 비밀보장에 대한 설명으로 옳지 않은 것은?

① 원조를 목적으로 하는 모든 경우 클라이언트에 대한 정보를 전문가들 사이에서 공유할 수 있다.
② 부모에게 심각한 학대를 지속적으로 받고 있다는 사실을 비밀로 해달라는 아동의 요청을 받았을 경우, 사회복지사는 클라이언트의 비밀보장과 생명보호의 가치 중 생명보호의 가치를 우선으로 판단해야 한다.
③ 로웬버그와 돌고프(Lowenberg & Dolgoff)의 윤리원칙 심사표에서 자율성 및 자유의 원칙은 클라이언트의 비밀보장 원칙에 우선한다.
④ 사회복지사는 클라이언트의 비밀을 보장해야 하지만 사례회의에서 면담내용이 공개될 수 있다.

09 다음에서 설명하는 사회보장제도에 해당하지 않는 것은?

> 국민에게 발생하는 사회적 위험을 보험의 방식으로 대처함으로써 국민의 건강과 소득을 보장하는 제도를 말한다.

① 국민연금
② 공무원연금
③ 장애인연금
④ 국민건강보험

10 리더십이론에 대한 설명으로 옳지 않은 것은?

① 허시와 블랜차드(Hersey & Blanchard)의 상황이론에서는 직원의 의지와 능력이 모두 높을 때 위임형 리더십이 적합하다고 본다.
② 관리격자이론은 사람과 일(생산)에 대한 관심이 모두 가장 높은 팀형(9,9)을 가장 이상적인 리더십으로 간주한다.
③ 피들러(Fiedler)의 상황이론에서는 상황의 호의성이 리더에게 중간 수준일 때 관계지향 리더십이 적합하다고 본다.
④ 리더십 특성이론은 리더가 가진 특성(외모, 성격 등)이나 자질을 강조하면서, 그러한 특성과 자질을 학습하면 누구나 리더가 될 수 있다고 주장한다.

11 다음 ㉠~㉢에 들어갈 말이 아닌 것은?

> 쓰레기통 모형은 조직화된 무질서 상태를 가정하면서 정책결정이 일정한 규칙에 따라 이루어지는 것이 아니라 정책결정에 필요한 (㉠), (㉡), (㉢), (㉣) 등 여러 가지 흐름이 우연히 한곳에 모여져 정책결정이 이루어진다고 보는 모형이다.

① 문제
② 직관
③ 해결책
④ 선택 기회

12 「아동복지법」상 아동복지시설에 해당하지 않는 것은?

① 건강가정지원센터
② 가정위탁지원센터
③ 아동일시보호시설
④ 자립지원시설

13 에릭슨(E. Erikson)의 심리사회이론에 대한 설명으로 옳은 것은?

① 주요 개념으로는 열등감, 동화와 조절 등이 있다.
② 각 발달단계에서 심리사회적 위기를 경험하지 않을 때 건강한 발달이 나타난다고 보았다.
③ 성격이론을 인간의 발달단계와 연관시켜 설명하지 않았다.
④ 청소년기의 심리사회적 위기를 잘 극복하면 '성실'이라는 강점이 강화된다고 보았다.

14 다음 법률 중 2000년 이후 제정된 것은 모두 몇 개인가?

ㄱ. 「국민건강보험법」
ㄴ. 「영유아보육법」
ㄷ. 「사회보장급여의 이용·제공 및 수급권자 발굴에 관한 법률」
ㄹ. 「사회복지사업법」

① 1개
② 2개
③ 3개
④ 4개

15 「노인장기요양보험법」에서 규정하고 있는 장기요양급여 제공의 기본원칙에 해당하지 않는 것은?

① 이 법에 따른 급여는 수급자가 자신의 생활의 유지·향상을 위하여 그의 소득, 재산, 근로능력 등을 활용하여 최대한 노력하는 것을 전제로 이를 보충·발전시키는 것을 기본원칙으로 한다.
② 장기요양급여는 노인등의 심신상태·생활환경과 노인등 및 그 가족의 욕구·선택을 종합적으로 고려하여 필요한 범위 안에서 이를 적정하게 제공하여야 한다.
③ 장기요양급여는 노인등이 가족과 함께 생활하면서 가정에서 장기요양을 받는 재가급여를 우선적으로 제공하여야 한다.
④ 장기요양급여는 노인등의 심신상태나 건강 등이 악화되지 아니하도록 의료서비스와 연계하여 이를 제공하여야 한다.

16 사회복지 역사에 대한 설명으로 옳은 것은?

① 엘리자베스 구빈법은 근로능력이 있는 건강한 빈민(The able-bodied poor)을 구빈원에 수용하였다.
② 인도주의적 구빈제도로 평가받는 길버트법은 현대의 최저생활보장의 기반이 되었다.
③ 작업장법은 구빈지출비용을 증대시킴으로써 1834년 개정구빈법 제정에 결정적인 영향을 미쳤다.
④ 개정구빈법의 열등처우 원칙은 노동 가능한 빈민에 대한 구제를 국가가 거절할 수 있는 법적 근거를 제공하였다.

17 사회복지서비스 전달체계로서 민간 전달체계가 공공 전달체계보다 더 유리한 경우에 해당하는 것을 모두 고르면?

> ㄱ. 창의적이고 실험적인 서비스
> ㄴ. 긍정적인 외부효과가 큰 서비스
> ㄷ. 공공재의 성격이 강하여 모든 국민을 대상으로 하는 서비스
> ㄹ. 클라이언트의 독특한 특성과 상황에 적합한 개별화된 서비스

① ㄱ, ㄴ, ㄷ ② ㄱ, ㄹ
③ ㄱ, ㄴ, ㄹ ④ ㄷ, ㄹ

18 사회복지제도에서 현물급여의 특징이나 장점에 해당하는 것을 모두 고르면?

> ㄱ. 정치적으로 현금급여보다 더 선호된다.
> ㄴ. 현금급여보다 정책의 목표효율성과 운영효율성이 높다.
> ㄷ. 수급자가 원하는 재화나 서비스를 시장에서 구입할 수 있어 효용을 극대화할 수 있다.
> ㄹ. 현금급여보다 대량생산과 대량소비로 인한 규모의 경제 효과가 커서 프로그램 비용을 줄일 수 있다.

① ㄱ, ㄷ ② ㄱ, ㄴ, ㄹ
③ ㄱ, ㄹ ④ ㄴ, ㄷ, ㄹ

19 「사회보장기본법」의 내용으로 옳지 않은 것은?

① "사회보장"이란 출산, 양육, 실업, 노령, 장애, 질병, 빈곤 및 사망 등의 사회적 위험으로부터 모든 국민을 보호하고 국민 삶의 질을 향상시키는 데 필요한 소득·서비스를 보장하는 사회보험, 공공부조, 사회서비스를 말한다.
② "사회서비스"란 생활 유지 능력이 없거나 생활이 어려운 국민에 대해 복지, 보건의료, 교육, 고용, 주거, 문화, 환경 등의 분야에서 인간다운 생활을 보장하고 상담, 재활, 돌봄, 정보의 제공, 관련 시설의 이용, 역량 개발, 사회참여 지원 등을 통하여 국민의 삶의 질이 향상되도록 지원하는 제도를 말한다.
③ 국가와 지방자치단체는 최저보장수준과 최저임금 등을 고려하여 사회보장급여의 수준을 결정하여야 한다.
④ 국가와 지방자치단체는 모든 국민이 생애 동안 삶의 질을 유지·증진할 수 있도록 평생사회안전망을 구축하여야 한다.

20 「사회복지사업법」에서 정하고 있는 사회복지사업을 규정하고 있는 법률이 아닌 것은?

① 「저출산·고령사회기본법」
② 「국민기초생활 보장법」
③ 「입양특례법」
④ 「장애인활동 지원에 관한 법률」

저자 김유경

서울대학교 사회복지학 석·박사

서울대학교, 세종대학교, 서울시립대학교, 경기대학교,
　　서울사이버대학교, 평택대학교 등 다수 대학에서 강의

에쎕 사회복지사 1급 수험서 집필 및 유튜브 강의

현 공단기 사회복지학 대표강사, 사회복지전문 출판 생각의마을 이사,
　　(사)열린복지 감사

전 광진복지재단(연구원), 노숙인다시서기지원센터(과장)

김유경 사회복지학개론
동형모의고사 1 기출재조합형 중심

1판 1쇄 발행 2023년 12월 8일

지은이	김유경
펴낸이	김동근
펴낸곳	지식터

등 록	2022년 10월 19일 (등록번호 제396-2022-000170호)
주 소	경기도 고양시 일산동구 정발산로 24 웨스턴타워 3차 417호(장항동)
전 화	031-811-8500
팩 스	031-811-8600
이메일	jster22@naver.com
홈페이지	www.jster22.com
ISBN	979-11-92845-80-7 (13330)

값 16,000원

잘못된 책은 구입처에서 바꾸어 드립니다.
무단전재와 복제를 금합니다.

2024년도 공무원 공개경쟁채용시험 필기시험 답안지

문번	제 1 회				문번	제 2 회				문번	제 3 회			
1	①	②	③	④	1	①	②	③	④	1	①	②	③	④
2	①	②	③	④	2	①	②	③	④	2	①	②	③	④
3	①	②	③	④	3	①	②	③	④	3	①	②	③	④
4	①	②	③	④	4	①	②	③	④	4	①	②	③	④
5	①	②	③	④	5	①	②	③	④	5	①	②	③	④
6	①	②	③	④	6	①	②	③	④	6	①	②	③	④
7	①	②	③	④	7	①	②	③	④	7	①	②	③	④
8	①	②	③	④	8	①	②	③	④	8	①	②	③	④
9	①	②	③	④	9	①	②	③	④	9	①	②	③	④
10	①	②	③	④	10	①	②	③	④	10	①	②	③	④
11	①	②	③	④	11	①	②	③	④	11	①	②	③	④
12	①	②	③	④	12	①	②	③	④	12	①	②	③	④
13	①	②	③	④	13	①	②	③	④	13	①	②	③	④
14	①	②	③	④	14	①	②	③	④	14	①	②	③	④
15	①	②	③	④	15	①	②	③	④	15	①	②	③	④
16	①	②	③	④	16	①	②	③	④	16	①	②	③	④
17	①	②	③	④	17	①	②	③	④	17	①	②	③	④
18	①	②	③	④	18	①	②	③	④	18	①	②	③	④
19	①	②	③	④	19	①	②	③	④	19	①	②	③	④
20	①	②	③	④	20	①	②	③	④	20	①	②	③	④

컴퓨터용 흑색사인펜만 사용

책형	
㉮	
㉯	

성명

응시직렬

응시지역

시험감독관 서명

주의사항

[바른 표기] ●
[틀린 표기] ⊙ ❶ ⊗ ⊘

【필적 감정용 기재】

*아래 예시문을 옮겨 적으시오.
본인은 000(응시자 성명)임을 확인함

응시번호

⓪		⓪	⓪	⓪
①	①	①	①	①
②	②	②	②	②
③	③	③	③	③
④		④	④	④
⑤		⑤	⑤	⑤
⑥		⑥	⑥	⑥
⑦		⑦	⑦	⑦
⑧		⑧	⑧	⑧
⑨		⑨	⑨	⑨

생 년 월 일

⓪	⓪	⓪		⓪
①	①	①	①	①
②	②	②		②
③	③	③		③
④		④		④
⑤		⑤		⑤
⑥		⑥		⑥
⑦		⑦		⑦
⑧		⑧		⑧
⑨		⑨		⑨

2024년도 공무원 공개경쟁채용시험 필기시험 답안지

2024년도 공무원 공개경쟁채용시험 필기시험 답안지

2024년도 공무원 공개경쟁채용시험 필기시험 답안지

2024 보호직·사회복지직 9급 공무원시험 대비

김유경 사회복지학개론
동형모의고사 1
기출재조합형 중심

정답 및 해설

지식터

차례

모의고사 정답 및 해설 **제1회** ——————————————— **4**

모의고사 정답 및 해설 **제2회** ——————————————— **6**

모의고사 정답 및 해설 **제3회** ——————————————— **9**

모의고사 정답 및 해설 **제4회** ——————————————— **11**

모의고사 정답 및 해설 **제5회** ——————————————— **14**

모의고사 정답 및 해설 **제6회** ——————————————— **17**

모의고사 정답 및 해설 **제7회** ——————————————— **19**

모의고사 정답 및 해설 **제8회** ——————————————— **22**

모의고사 정답 및 해설 **제9회** ——————————————— **25**

모의고사 정답 및 해설 **제10회** —————————————— **28**

모의고사 정답 및 해설 **제11회** —————————————— **31**

모의고사 정답 및 해설 **제12회** —————————————— **34**

모의고사 정답 및 해설 **제13회** —————————————— **37**

모의고사 정답 및 해설 **제14회** —————————————— **41**

모의고사 정답 및 해설 **제15회** —————————————— **43**

제1회 기출재조합 모의고사 정답 및 해설

01	02	03	04	05	06	07	08	09	10
②	④	④	①	③	②	③	③	②	③
11	12	13	14	15	16	17	18	19	20
④	②	④	①	①	②	③	③	①	①

01 답 ②
②가 설명하고 있는 관점은 제도적 관점이다. 나머지는 모두 잔여적 관점을 설명하고 있다.

02 답 ④
직접적 개입은 클라이언트를 변화시킴으로써 문제를 해결하는 개입을 말한다. 클라이언트 및 그 가족을 대상으로 상담, 교육, 치료, 방문, 훈련 등을 실시하는 것은 직접적 개입에 해당한다. ④는 직접적 개입에 해당하고, 나머지는 모두 간접적 개입에 해당한다.

03 답 ④
공공부조에 해당하는 긴급복지지원제도의 주요 재원조달 방식은 일반조세이고, 사회보험에 해당하는 나머지 제도들의 주요 재원조달방식은 보험료이다.

04 답 ①
원조의 중복을 막기 위해 빈민의 생활상태를 조사(자산조사)한 것은 자선조직협회였다.

05 답 ③
공적연금제도의 재정조달방식에서 적립방식은 부과방식보다 세대 내 재분배 효과가 더 뚜렷하게 나타난다. 세대 간 재분배 효과는 부과방식에서 더 뚜렷하게 나타난다.

06 답 ②
길버트와 테렐의 사회적 할당 원리를 가장 보편적인 기준부터 순서대로 나열하면 귀속적 욕구, 보상, 진단적 등급 분류, 자산조사 순이다. 가장 보편적인 기준은 귀속적 욕구이고, 가장 선별적인 기준은 자산조사이다.

07 답 ③
성인지 관점에서는 여성과 남성이 생물학적·사회문화적 경험의 차이로 서로 다른 이해나 요구를 가진다고 본다.

08 답 ③
비합리적 선택의 문제는 현물 급여가 아니라 수급자에게 선택권이 부여되는 바우처 혹은 현금 급여 지급시 발생한다. 따라서 현금이나 바우처를 지급하는 경우, 정책의 실효성을 높이는 데 이용자의 합리적 선택능력이 중요시된다.

09 답 ②
사례관리는 직접적 서비스와 간접적 서비스를 포괄하는 통합적 서비스이다.

10 답 ③
귀속적 욕구에 따른 원리는 욕구에 대한 규범적 기준에 근거한 집단지향적 할당을 따른다.

오답 체크
① 보상의 원리는 **형평**에 대한 **규범적 기준**에 근거한 집단지향적 할당을 따른다.
② 자산조사의 원리는 **욕구**에 대한 **경제적 기준**에 근거한 개인별 할당을 따른다.
④ 진단적 구분에 따른 원리는 욕구의 기술적·진단적 기준에 근거한 **개인별** 할당을 따른다.

	선택의 대안	욕구판단 기준	할당	대표적인 예
(제도) 보편주의	귀속적 욕구	욕구에 대한 규범적 기준	집단지향적 (범주적) 할당	기본소득, 사회수당
	보상	형평에 대한 규범적 기준		사회보험, 적극적 조치 (차별)
선별주의 (잔여)	진단적 구분	욕구에 대한 기술적·진단적 기준	개인별 할당	우울증 환자에 대한 치료
	자산조사에 의한 욕구	욕구에 대한 경제적 기준		공공부조

11 답 ④
사례관리자는 지역사회의 다양한 자원을 활용하여 클라이언트의 다양한 욕구에 맞는 적절한 서비스나 자원을 연결하고 조정하는 역할을 주로 담당한다.

12 답 ②
강점관점에서 말하는 클라이언트의 강점에는 클라이언트의 개인적 요인뿐만 아니라 사회적, 환경적 요인까지 포함된다.

13 답 ④
지역사회 구성원들의 이해관계에 대해 지역사회개발모델은 쉽게 조정될 수 있다고 보지만, 사회행동모델에서는 조정되기 힘든 갈등상황이라고 본다. 사회계획모델은 (어차피 지역사회문제는 전문가가 해결하는 것이므로) 구성원 간 이해관계에 크게 개의치 않는다.

오답 체크
① 지역사회개발모델에서는 권력구조를 지역사회 향상을 위해 공동의 노력을 기울이는 협력자로 본다. 이와 달리 **사회계획모델**에서는 권력구조를 고용주와 후원자로, 사회행동모델에서는 공격해서 파괴해야 할 압제자로 본다.
② **지역사회개발모델**에서는 교육을 통해 주민 지도자를 양성하고 협력적인 지역분위기를 조성하는 데 주력한다.
③ **사회행동모델**은 기본 제도의 변화를 추구한다.

14 답 ①
빈곤율은 빈곤의 **규모**를, 빈곤갭은 빈곤의 심도를 알려주는 지표이다.

15 답 ①
수렴이론(산업화이론)에서는 산업화 과정에서 발생한 새로운 욕구와 문제를 산업화로 얻은 자원으로 해결하는 과정에서 사회복지정책(복지국가)이 발달했다고 설명한다.

오답 체크
② **사회민주주의이론(권력자원이론)** – 노동자의 정치세력화
③ **이익집단이론(이익집단정치이론)** – 제한된 자원의 분배를 둘러싼 다양한 이익집단들 간의 경쟁과 이에 대한 국가의 중재
④ **국가중심이론** – 국가구조의 형태와 정치인의 개혁성

16 답 ②
오답 체크
① 「노인복지법」에 의한 **노인여가복지시설**에는 노인복지관, 경로당, 노인교실이 포함된다.
③ 노인맞춤돌봄서비스는 독거노인 외에도 조손가구의 노인 등과 같이 **돌봄을 필요로 하는 노인들**을 대상으로 제공된다.
④ 장기요양보험제도는 65세 미만이더라도 노인성질병으로 인해 일상생활 수행에 어려움이 있어 장기요양등급을 받은 자는 장기요양급여를 받을 수 있다.

17 답 ③
클라이언트가 겪는 일이 자신만이 가지고 있는 문제가 아님을 인식하도록 돕는 기술을 일반화라 한다.

18 답 ③
실제의 욕구충족을 위한 구체적인 행위 혹은 서비스 수요로 파악(예를 들어, 서비스 신청자 수나 대기자 수)되는 욕구를 표현적(표출적) 욕구라 한다.

19 답 ①
오답 체크
② 사회복지사는 **사회적·경제적 약자들의 편에 서서** 사회정의와 평등·자유와 민주주의 가치를 실현하는 데 앞장선다.
③ 사회복지사는 도움을 필요로 하는 사람들의 사회적 지위와 기능을 향상시키기 위해 **저들과 함께** 일한다.
④ 사회적 가치를 실현하는 전문가로서의 **능력과 품위**를 유지하기 위해 노력한다.

한국 사회복지사 윤리강령 전문

사회복지사는 인본주의·평등주의 사상에 기초하여, 모든 인간의 존엄성과 가치를 존중하고 천부의 자유권과 생존권의 보장 활동에 헌신한다.

특히 사회적·경제적 약자들의 편에 서서 사회정의와 평등·자유와 민주주의 가치를 실현하는 데 앞장선다. 또한, 도움을 필요로 하는 사람들의 사회적 지위와 기능을 향상시키기 위해 저들과 함께 일하며, 사회제도 개선과 관련된 제반 활동에 주도적으로 참여한다. 사회복지사는 개인의 주체성과 자기 결정권을 보장하는 데 최선을 다하고, 어떠한 여건에서도 개인이 부당하게 희생되는 일이 없도록 한다.

이러한 사명을 실천하기 위하여 전문적 지식과 기술을 개발하고, 사회적 가치를 실현하는 전문가로서의 능력과 품위를 유지하기 위해 노력한다. 이에 우리는 클라이언트·동료·기관 그리고, 지역사회 및 전체사회와 관련된 사회복지사의 행위와 활동을 판단·평가하며 인도하는 윤리기준을 다음과 같이 선언하고 이를 준수할 것을 다짐한다.

제2회 기출재조합 모의고사 정답 및 해설

01	02	03	04	05	06	07	08	09	10
③	②	②	④	④	④	①	③	②	③
11	12	13	14	15	16	17	18	19	20
①	②	③	④	①	④	④	①	②	①

01 답 ③

클라이언트의 문제해결을 위한 개입 전략 수립은 접수단계가 아니라 **계획단계**에서 요구되는 사회복지사의 과업이다.

02 답 ②

오답 체크

① 정신건강복지센터 : 정신건강증진시설, 사회복지시설, 학교 및 사업장과 연계체계를 구축하여 지역사회에서의 정신건강증진사업 및 정신질환자 복지서비스 지원사업을 하는 기관 또는 단체
③ 정신요양시설 : 정신질환자를 입소시켜 요양 서비스를 제공하는 시설
④ 정신의료기관 : 정신병원, 병원급 의료기관에 설치된 정신건강의학과 등

03 답 ②

불완전 경쟁은 시장실패 요인이 맞지만, 파생적 외부성은 시장실패가 아니라 정부실패 유발요인이다.

04 답 ④

단일사례설계의 유형 중에는 응급상황에 놓여 개입이 우선적으로 필요한 클라이언트에게 개입을 먼저 시작한 후, 개입의 효과를 확인하기 위해 개입을 중단하고, 다시 개입하는 BAB설계가 포함된다(2011년 지방직 출제). 따라서 항상 기초선단계부터 시작되어야 하는 것은 아니다.

05 답 ④

탈상품화의 정도가 가장 높은 것으로 평가되는 복지국가

20 답 ①

오답 체크

② 경국대전 : 조선 세조대에 편찬을 시작하여 성종 대에 완성·반포된 조선 통치의 가장 근간이 되는 최고의 법
③ 조선구호령 : 일제강점기였던 1944년에 일본 본토에서 실시되던 구호법에 모자보호, 의료보호 등을 부분적으로 추가하여 제정한 법으로 1961년 「생활보호법」 제정 전까지 공공부조의 기본 법령 역할을 담당
④ 연호미법 : 고려와 조선 초기에 토지를 소유한 가호(家戶)에서 일정량의 미곡을 거두는 내용을 골자로 한 법

유형은 사회민주주의 복지국가이며, 스웨덴, 덴마크, 노르웨이 등의 북유럽국가들이 포함된다. 독일과 프랑스는 사회민주주의가 아니라 조합주의(보수주의) 복지국가에 속한다.

06 답 ④

오답 체크

ㄱ. 위기개입모델은 클라이언트의 위기 이전 기능수준 회복에 일차적인 목표를 둔다. 그러나 심리내적 통찰에 일차적 목표를 두지는 않는다. 위기개입모델은 대표적인 단기개입모델로 심리내적 통찰, 과거, 원인, 성격변화 등이 언급되면 오답일 가능성이 크다.

ㄷ. 클라이언트가 가진 강점과 자원에 초점을 두고, 클라이언트의 역량을 강화 또는 향상시키는 것을 강조하는 모델은 **역량강화모델(임파워먼트모델 혹은 권한부여모델)** 이다.

07 답 ①

레드 테이프(red tape)는 대표적인 관료제의 병폐 중 하나로, 번잡한 규정만 많아져 오히려 업무처리를 비능률적으로 만드는 경향을 말한다.

오답 체크

② 서비스 과활용(over-utilization) : 서비스를 필요 이상으로(필요하지 않은 사람들까지도) 활용하는 경향

③ 매몰 비용(sunk cost) 효과 : 그간 투자한 시간, 돈, 또는 노력으로 인해 어떤 일을 그만두지 못하고 계속 유지하게 되는 경향

④ 크리밍(creaming) 현상 : 시간과 노력을 덜 투자해도 성공 가능성이 높은 클라이언트들 위주로 대상자를 선정하는 경향

08 답 ③

오답 체크

① 홀론(holon) : 부분임과 동시에 전체라는 체계 속성

③ 항상성(homeostasis) : 체계 내·외부에서 발생한 변화로 균형이 깨졌을 때 회복하고자 하는 경향

④ 역엔트로피(negentropy) : 체계 외부로부터 에너지가 유입되어 체계 내부에 유용하지 않은 에너지가 감소하는 것

09 답 ②

국민기초생활보장제도의 급여 유형은 [해주 교생의 장자]로 암기하자. 해산급여, 주거급여, 교육급여, 생계급여, 의료급여, 장제급여, 자활급여의 일곱 가지가 포함된다. 요양급여는 국민건강보험제도와 산업재해보상보험제도의 급여 유형에 포함된다.

10 답 ③

- ㄴ의 사례에 적합한 가족치료는 **다세대(혹은 세대 간) 가족치료**이다.
- 유리가족과 밀착가족은 구조적 가족치료의 경계 만들기 기법이, 원가족과의 미분화로 인해 형성된 삼각관계는 다세대 가족치료의 탈삼각화 기법이 적합하며, 비난형 의사소통은 경험적 가족치료를 통해 일치형 의사소통으로 변화시킬 필요가 있다.

11 답 ①

가족주기의 변화로 자녀출산 완료 이후 자녀의 결혼이 시작되기 전까지의 확대완료기가 **길어지고 있다**.

12 답 ②

두 변수 간 인과관계의 확인을 위해 필요한 3가지 경험적 조건은 공변성, 시간적 우선성, 통제성이다.

오답 체크

① 실제 시간보다 항상 10분씩 빠른 시계가 있다면, 이 시계는 시간을 측정할 때 일관된 오류를 범하고 있다고 볼 수 있다. 이를 체계적 오류가 있다고 하거나 **타당도가 낮다**고 표현한다. 일관성 있는 오류를 범하고 있으므로 측정의 일관성을 의미하는 신뢰도는 낮지 않다. 정확한 시간을 측정해주지 못하므로 측정의 정확성을 의미하는 타당도가 낮다고 할 수 있다.

③ 동일한 측정도구로 사전검사와 사후검사를 실시하는 경우

내적 타당도를 저해하는 요인은 도구효과가 아니라 검사효과(testing)이다.
④ 조사 반응성(research reactivity)이 높을수록 외적 타당성이 떨어진다.

13 답 ③
정책목표를 보다 효율적으로 달성할 수 있는(목표효율성이 높은) 급여 형태는 현물급여이다.

14 답 ③
장애인의 물리적·문화적·사회심리적 욕구에 대해 해당 사회가 적절한 서비스를 제공하는 데 실패하여 발생한다고 보는 모델은 개별적 모델이 아니라 사회적 모델이다.

15 답 ①
사례관리는 일반주의 실천, 강점관점, 생태체계적 관점, 지역사회 중심의 보호, 그리고 통합적인 방법론 등을 강조한다.

16 답 ④
제3의 길에서는 국가에 대한 경제적 의존을 줄여 위험을 공동 부담하는 시민 의식의 전환, 시민이 노동을 통해 스스로 자신을 부양하는 것을 강조한다.

17 답 ④
지역사회연계사업, 지역욕구조사, 실습지도는 사회복지관의 지역조직화 기능에 해당한다. 지역조직화 기능 중에서도 복지네트워크 구축 사업에 해당한다.

사회복지관의 기능과 사업

사례관리	사례발굴, 사례개입, 서비스 연계	
서비스 제공	가족기능 강화	가족관계증진사업, 가족기능보완사업, 가정문제해결, 부양가족지원사업, 다문화가정이나 북한이탈주민 등 지역 내 이용자 특성을 반영한 사업
	지역사회보호	보건의료서비스, 경제적 지원, 재가복지봉사서비스, 일상생활 지원, 급식서비스, 일시보호서비스, 정서서비스
	교육문화	아동·청소년 사회교육, 성인기능교실, 노인 여가·문화, 문화복지사업
	자활지원 등 기타	직업기능훈련, 취업알선, 직업능력개발, 그 밖의 특화사업
지역 조직화	복지네트워크 구축	지역사회연계사업, 지역욕구조사, 실습지도
	주민조직화	주민복지증진사업, 주민조직화사업, 주민교육
	자원개발 및 관리	자원봉사자 개발·관리, 후원자 개발·관리

18 답 ①
오답 체크
ㄷ. 개별화는 사회복지사가 각 클라이언트의 독특한 특성과 자질을 알고 이해하는 것으로, 클라이언트의 문제해결을 위해서 각기 다른 원리나 방법을 활용하는 것이다.
ㄹ. ㄹ은 통제된 정서적 관여에 해당하는 내용이다.

19 답 ②
예외주의 이념에 기반을 두는 것은 선별주의(selectivism)이다.

20 답 ①
"노인등"이란 65세 이상의 노인 또는 65세 미만의 자로서 치매·뇌혈관성질환 등 대통령령으로 정하는 노인성 질병을 가진 자(장애인 아님)를 말한다.

제3회 기출재조합 모의고사 정답 및 해설

01	02	03	04	05	06	07	08	09	10
③	②	②	④	②	③	④	③	③	①
11	12	13	14	15	16	17	18	19	20
①	①	②	③	③	①	④	①	②	④

01 답 ③

자원개발 및 관리는 지역조직화 기능에 해당하는 사업이다. 사회복지관의 서비스 제공 기능에 해당하는 사업은 가족기능 강화, 지역사회보호, 교육문화, 자활지원 등 기타 사업이다.

사회복지관의 기능과 사업

사례관리		사례발굴, 사례개입, 서비스 연계
서비스 제공	가족기능 강화	가족관계증진사업, 가족기능보완사업, 가정문제해결, 부양가족지원사업, 다문화가정이나 북한이탈주민 등 지역 내 이용자 특성을 반영한 사업
	지역사회보호	보건의료서비스, 경제적 지원, 재가복지봉사서비스, 일상생활 지원, 급식서비스, 일시보호서비스, 정서서비스
	교육문화	아동·청소년 사회교육, 성인기능교실, 노인 여가·문화, 문화복지사업
	자활지원 등 기타	직업기능훈련, 취업알선, 직업능력개발, 그 밖의 특화사업
지역 조직화	복지네트워크 구축	지역사회연계사업, 지역욕구조사, 실습지도
	주민조직화	주민복지증진사업, 주민조직화사업, 주민교육
	자원개발 및 관리	자원봉사자 개발·관리, 후원자 개발·관리

02 답 ②

질적조사는 양적조사에 비해 현상에 대한 심층적인 이해를 할 수 있지만, 표본크기가 작고 비확률표집방법에 의해 조사대상이 선정되는 경우가 많아 일반화 가능성은 양적조사보다 떨어진다.

03 답 ②

2015년 7월부터 국민기초생활보장제도의 수급대상 선정기준은 급여 유형별로 서로 다르게 차등화되었다.

04 답 ④

- 생태도는 ① 클라이언트의 상황에서 의미 있는 체계들과의 관계를 시각적으로 제시함으로써, ② 클라이언트와 가족이 외부 체계들과 맺고 있는 관계의 범위와 특성을 확인하고, ③ 클라이언트와 외부 체계와의 관계에서 자원 교환이나 에너지의 흐름 등을 파악할 수 있게 해주는 사정도구이다.
- 소시오그램은 집단 내 성원들 간의 상호작용을 상징을 사용하여 그림으로 나타냄으로써 집단 내 소외자, 하위집단, 연합 등을 파악할 수 있게 해주는 사정도구이다.

05 답 ②

사례관리는 사례개발(아웃리치를 통해 사례를 발굴하거나, 다른 기관을 통해 의뢰받거나, 클라이언트가 직접 내방하여 도움을 요청할 수도 있음)과 접수 → 자료수집과 사정 → 기획(개입계획 수립) → 개입 → 점검과 재사정 → 평가와 종결 순으로 진행된다.

06 답 ③

오답 체크

① **자선조직협회**에서는 우애방문원을 통해 가정방문 및 조사, 지원활동을 실시하였다.
② 자선조직협회는 빈곤의 원인을 개인의 성격적 결함으로 인식했으며, 중복 구빈을 없애서 빈민에 대한 적절한 조사를 통해 알맞은 원조를 제공하는 것을 목적으로 하였다.
④ 자선조직협회와 인보관은 빈곤문제 해결을 위해 **민간이 주도**하여 설립한 것이다.

07 답 ④

장애인의무고용제도는 대표적인 적극적 조치(긍정적 차별)에 해당하며, 이는 **보상의 원리**에 해당한다. 아울러 그 대상이 장애인이므로 진단적 구분도 할당의 원리에 포함된다고 할 수 있다.

08 답 ③
과업목표가 아니라 **과정목표**가 옳은 표현이다.

09 답 ③
오답 체크
ㄱ은 아동전용시설이 아니라 **지역아동센터**이다.
ㄴ은 보충적 서비스가 아니라 **지지적 서비스**이다.

10 답 ①
에스핑-앤더슨의 복지국가 유형화 기준은 탈상품화 정도(③에 해당), 계층화 정도(④에 해당), 복지에 대한 국가와 시장(혹은 국가-가족-시장)의 역할 분담 정도이다. 사회권의 발달로 복지국가의 발전을 설명한 학자는 시민권론을 통해 복지국가 발달을 설명한 토마스 험프리 마셜이다.

11 답 ①
길버트와 테렐이 제시한 사회복지정책 분석틀의 할당체계에 따르면, 귀속적 욕구나 보상의 원리를 따르는 **보편주의는 욕구에 대한 규범적 기준에 의거해 집단지향적인 할당을 하지**만, 선별주의는 개인별 할당을 한다.
오답 체크
나머지 내용은 선별주의의 상대적인 특징 및 장점에 해당한다.

12 답 ①
ㄱ. 아동수당은 국민들이 낸 세금이 8세 미만 아동에 대한 '양육'이라는 위험이 발생한 사람에게 이전되는 효과가 있으므로 위험 미발생 집단에서 위험 발생 집단으로의 수평적 재분배 효과가 있다.
ㄴ. 국민기초생활보장제도는 대표적인 공공부조제도로, 고소득층으로부터 저소득층으로 소득이 이전되는 수직적 재분배 효과가 있다.
오답 체크
ㄷ. 연금재정방식 중 '부과방식' 연금제도 - **세대 간 재분배**
ㄹ. 연금재정방식 중 '적립방식' 연금제도 - **세대 내 재분배**

13 답 ②
클라이언트가 내세우는 가치와 실제 행동 사이의 불일치(모순), 클라이언트의 말과 말 사이의 불일치, 클라이언트의 감정과 행동 사이의 불일치 등 다양한 불일치와 모순에 대해 클라이언트 자신이 인식할 수 있도록 지적하는 기법을 직면(confrontation)이라 한다.
오답 체크
① 환기(ventilation) : 감정의 표출을 돕는 기법
③ 재보증(reassurance) : 확신과 자신감을 주는 기법
④ 해석(interpretation) : 클라이언트가 자신의 행동과 감정을 낳는 저변의 원인을 생각해볼 수 있도록 가설이나 대안적 준거틀을 제시하는 기법

14 답 ③
정치경제이론(자원의존이론이라고 해도 무방함)은 조직의 생존과 발전에는 합법성과 같은 정치적 자원과 서비스 생산에 필요한 경제적 자원이 필수적이라고 본다. 정치경제적으로 반드시 필요한 자원을 확보해야 하므로 사회복지조직은 그러한 자원을 제공할 수 있는 외부환경에 의존하게 된다. 따라서 사회복지조직이 서비스 전달체계를 형성하는 데 있어서 그러한 자원을 제공하는 과업환경(업무환경)의 중요성을 강조한다.
오답 체크
① 인간관계이론에 해당한다.
② 과학적 관리론에 해당한다.
④ 관료제이론에 해당한다.

15 답 ③
경로당, 노인교실은 둘 다 노인여가복지시설에 속한다.
오답 체크
① 노인공동생활가정은 노인주거복지시설에, 노인요양공동생활가정은 노인의료복지시설에 속한다.
② 양로시설은 노인주거복지시설에, 노인요양시설은 노인의료복지시설에 속한다.
④ 노인복지관은 노인여가복지시설에, 노인복지주택은

노인주거복지시설에 속한다.

16 답 ①

오답 체크

② 비밀보장에는 예외가 있다. 따라서 반드시 비밀을 보호해야 한다는 것은 옳지 않다.
③ 수용이 문제행동에 대한 인정과 허용까지를 의미하는 것은 아니다.
④ 통제된 정서적 관여는 사회복지사가 클라이언트에게 민감하게 반응하되 그 반응의 정도가 원조 목적에 비추어 적절해야 함을 의미한다.

17 답 ④

④는 전통적 임상 모델에 해당하는 내용이다. 이와 달리 학교-지역사회-학생 관계 모델은 학생, 학교, 지역사회 간 복잡한 상호작용을 강조하고, 학생 특성, 학교와 지역사회의 상황 사이의 상호 관계를 사정하여 이 부분에 대해 개입하는 것에 초점을 둔다.

18 답 ①

①은 점증모형, ②는 이익집단모형(이익집단정치모형 혹은 다원주의모형), ③은 합리모형, ④는 쓰레기통모형에 해당한다.

19 답 ②

오답 체크

ㄴ. 기관이 성취하고자 하는 성과나 목표를 제시하는 예산모형은 기획예산이다.
ㄷ. 사업계획을 세부사업으로 분류하고 각 세부사업을 '단위원가×업무량=예산액'으로 표시하여 편성하는 예산모형은 성과주의예산이다.

20 답 ④

모두 옳은 내용이다. 사회복지서비스 전달체계에는 공공부문(중앙정부, 지방정부), 민간부문, 그리고 혼합체계 등이 포함된다.

제4회 기출재조합 모의고사 정답 및 해설

01	02	03	04	05	06	07	08	09	10
②	④	③	①	③	④	③	①	③	④
11	12	13	14	15	16	17	18	19	20
②	②	③	①	④	①	③	①	①	②

01 답 ②

집단성원의 공생적인 상호원조체계 개발을 목적으로 하는 집단사회복지실천모델은 **상호작용모델**이다. 사회적 목표모델은 민주주의와 지역사회 정의 유지, 구성원의 사회의식과 사회적 책임 향상 등을 목적으로 한다.

02 답 ④

양로시설은 노인복지시설 중 노인주거복지시설에 속하며, 이용시설이 아니라 생활시설이다.

03 답 ③

오답 체크

① 사회보장수급권은 정당한 권한이 있는 기관에 서면으로 통지하여 포기할 수 있다.

> 「사회보장기본법」제14조(사회보장수급권의 포기)
> ① 사회보장수급권은 정당한 권한이 있는 기관에 서면으로 통지하여 포기할 수 있다.
> ② 사회보장수급권의 포기는 취소할 수 있다.
> ③ 제1항에도 불구하고 사회보장수급권을 포기하는 것이 다른 사람에게 피해를 주거나 사회보장에 관한 관계 법령에 위반되는 경우에는 사회보장수급권을 포기할 수 없다.

② 사회보장수급권의 포기는 취소할 수 있다.
④ **사회보험은 국가의 책임으로 시행하고, 공공부조와 사회서비스는 국가와 지방자치단체의 책임으로 시행하는 것을** 원칙으로 한다.

04 답 ①

방문목욕, 방문요양, 방문간호, 주·야간보호, 단기보호 등은 「노인장기요양보험법」상 재가급여에 속하며, 급여 형태는 현물이다.

05 답 ③
- 소득재분배 효과는 선별적 공공부조가 가장 높다. 장애인연금은 공공부조이므로 가장 소득재분배 효과가 높다.
- ①의 장애연금은 사회보험인 국민연금의 급여 유형이며, ②의 공무원연금도 사회보험이다. ④의 아동수당은 사회수당에 해당한다. 사회보험과 사회수당은 보편적 제도에 해당하며 공공부조보다 소득재분배 효과가 낮다.

06 답 ④
가족문제는 가족성원이 지나치게 밀착되거나 유리되어 있는 경우 발생한다고 가정하는 가족치료모델은 **구조적** 가족치료모델이다. 그리고 탈삼각화는 **다세대** 가족치료모델의 주요 기법이다.

07 답 ③
임계경로(critical path)란 가장 시간이 **오래** 걸리는 활동들의 경로를 말한다.

08 답 ①
- 테일러-구비가 제시한 새로운 사회적 위험의 핵심 키워드는 여성 경제활동 참여, 노인인구 증가, 저학력(저숙련) 노동자의 사회적 배제, 그리고 민영화이다. ①은 해당되지 않는다.
- 테일러-구비가 제시한 4가지 신 사회적 위험은 다음과 같다.
  ① 여성들의 노동시장 참여가 확대되면서 일-가정 양립이 어려운 저숙련 여성층이 겪는 어려움이 가중됨
  ② 노인인구의 증가로 노인돌봄 부담 급증함. 노인돌봄 역할이 상당부분 여성에게 주어져 있고 여성이 돌봄과 직장을 병행하기 어려워 노동시장에서 철수하면 홑벌이 부부가 되기 때문에 빈곤의 가능성이 증가함
  ③ 제조업이 쇠퇴하고, 생산기술의 변동(미숙련 생산직의 비중 감소)되면서 저학력자들의 사회적 배제와 근로빈곤 문제가 증가되었고, 교육수준이 낮을수록 실업 및 장기빈곤 위험률이 증가함
  ④ 공공의 복지지출 증가에 따른 부담으로 민영화 경향이 증가하면서 민영화된 공적연금, 의료보험 등에서 소비자가 선택을 잘못할 경우 혹은 민영보험에 대한 규제가 잘 이루어지지 않을 경우 새로운 위험이 발생할 가능성이 증가함

09 답 ③
리더십이론은 특성이론, 행동이론, 상황이론 순으로 발전했는데, 블레이크와 머튼의 관리격자이론은 이 중 행동이론에 해당한다. 효과적인 리더십은 상황에 따라 다르다는 입장을 보인 리더십이론은 상황이론이며, 피들러, 허시와 블랜차드, 하우스는 상황이론가에 해당한다.

10 답 ④
한 번에 하나 이상의 방어기제를 사용하기도 한다. 예를 들어, 죄책감으로 인한 도덕적 불안에 휩싸인 A가 손을 강박적으로 씻는 경우를 생각해보자. 이는 더러운 마음을 손에 전치한 후, 강박적으로 씻어 원래대로 되돌리고자 하는 것이며 전치와 취소(원상복구) 방어기제가 함께 사용되고 있는 사례에 해당한다.

11 답 ②
초점집단인터뷰는 소수의 사람들이 한 자리에 모여 활발한 토론과 상호작용(집단역동) 속에서 자료를 수집하는 방법이다.

오답 체크
① 델파이기법은 익명으로 참여하는 전문가들을 대상으로 반복적인 우편설문을 통해 합의(의견일치)를 이끌어내는 방법이다.
③ 근거이론은 현상에 대한 경험적 자료에서 귀납적으로 이론을 도출(개발)하는 질적조사방법이다.
④ 패널조사는 매 시점마다 동일한 사람들을 반복 조사하는 종단조사방법이다.

12 답 ②

- 희소한 자원의 배분을 둘러싼 다양한 집단(이익집단) 간 경쟁과정에서 복지국가가 출현한다고 설명하는 이론은 이익집단정치이론이다. 이익집단이론의 핵심 키워드는 다양한 (이익)집단 간 경쟁, 국가의 중재이다.
- 사회민주주의이론이 자본가와 노동자 사이의 정치적 정권 투쟁(혹은 노동계급의 정치세력화)으로 복지국가 발달을 설명하는 것과 달리, 이익집단정치이론은 다양한 이익집단들(노동자뿐 아니라 장애인, 노인 등이 될 수도 있다) 간 정치적인 힘에 초점을 맞춘다.

13 답 ③

자신이 표현한 감정에 대해 반응과 공감적 이해를 받고 싶은 클라이언트의 욕구에 바탕을 두는 관계 형성 원칙은 통제된 정서적 관여이다. 의도적 감정표현은 자신의 감정을 기탄없이 표현하고 싶은 클라이언트의 욕구에 바탕을 둔다.

14 답 ②

한 사회의 모든 구성원들이 같은 소득을 갖는 완전한 평등을 의미하는 지니계수 값은 0이다.

15 답 ①

제시된 사례에서 B복지관과 사회복지사는 변화매개체계, 아내는 클라이언트체계, 남편은 표적체계, 가족치료전문가는 행동체계이다. 전문가체계(혹은 전문체계)에는 전문적 실천의 기반이 되는 한국사회복지사협회, 사회복지관협회, 사회복지협의회, 사회복지사 윤리강령, 사회복지사 교육과정 등이 포함되며 이 문제의 사례에서는 전문가체계가 제시되고 있지 않다.

16 답 ④

길버트와 테렐은 사회적 할당의 원리를 가장 보편적인 것부터 귀속적 욕구, 보상, 진단적 구분, 자산조사 순으로 제시했는데, 가장 보편적인 '귀속적 욕구'에 따라 급여를 할당하는 것으로는 기본소득, 사회수당 등이 있다. 우리나라의 대표적인 사회수당에는 아동수당과 부모급여가 있다.

오답 체크
① 국민기초생활보장 : 공공부조에 속하며, 이는 '자산조사'의 원리를 따른다.
② 국민건강보험 : 사회보험에 속하며, 이는 '보상'의 원리를 따른다.
③ 긴급복지지원 : 공공부조에 속하며, 이는 '자산조사'의 원리를 따른다.

17 답 ①

단일사례조사에서 개입은 독립변수이고 표적행동이 종속변수가 된다.

18 답 ③

제도이론(institutional theory)은 조직을 둘러싼 제도적 환경이 조직의 특성과 형태를 결정한다고 보는 개방체계적 관점이다. 이때 제도는 조직 자체의 규범이나 규칙 등이 아니라 법률, 규칙, 사회적 여론 등과 같이 조직 외부의 제도적 환경을 의미하며, 이러한 제도들이 조직 성격을 규정하고 조직 생존에 영향을 미친다고 주장한다.

오답 체크
① 조직상황에 적응적인 조직구조의 구축을 강조하는 이론은 상황이론이다.
② 조직 내 갈등의 순기능을 강조하는 이론은 구조주의이론이다.
④ 관료제이론은 대표적인 폐쇄체계적 관점에 해당하며, 조직 내 규정과 같은 공식적 요인에만 초점을 두었고 조직 외부의 환경에 대해서는 초점을 두지 않는다.

19 답 ①

사회복지제도가 사회를 유지하는 데 필수적인 기능을 수행한다고 보는 관점은 제도적 관점이다. 이와 달리 잔여적 관점에서는 사회복지제도가 사회유지를 위한 필수적 기능을 수행하지 않고 다른 사회제도를 일시적으로 보충해주는 기능만 수행한다고 본다.

20 답 ②

ㄱ.「국민기초생활 보장법」은 1999년에 제정되었다.
ㄴ.「장애인연금법」은 2010년에 제정되었다.
ㄷ.「기초연금법」은 2014년에 제정되었다.
ㄹ.「긴급복지지원법」은 2005년에 제정되었다.

제5회 기출재조합 모의고사 정답 및 해설

01	02	03	04	05	06	07	08	09	10
③	②	②	③	①	③	④	③	①	①
11	12	13	14	15	16	17	18	19	20
②	④	③	④	④	④	①	②	③	④

01 답 ③

오답 체크

ㄴ. 클라이언트의 주변 환경에는 활용가능한 자원이 매우 풍부하다고 전제한다.
ㄷ. 해결해야 할 과제에 대한 전문가를 사회복지사가 아니라 클라이언트라고 본다.

02 답 ②

②는 길버트법에 대한 설명이다.

03 답 ②

- 복지국가 전성기의 기반이 된 경제적 이념은 케인즈주의였고, 정치적 이념은 사회민주주의였다.
- 제3의 길은 복지국가 위기 이후 새로운 재편 방향으로 기든스가 1990년대 제시한 이념이었으며, 마르크스주의는 복지국가가 자본주의 타도를 방해한다고 보아 복지국가를 반대하는 입장이다.

04 답 ③

①은 사회계획모델, ②와 ④는 사회행동모델, ③은 지역사회개발모델에 해당한다.

05 답 ①

핀커스와 미나한(Pincus & Minahan)의 4체계는 클라이언트체계, 변화매개체계, 표적체계, 행동체계이다. 의뢰-응답체계는 콤튼과 갤러웨이의 6체계모델에서 추가한 체계이다.

06 답 ③

진실성 고수와 알 권리가 윤리적 딜레마의 주요 쟁점인 경우 사회복지사는 다음과 같은 갈등을 할 수 있다.
- 누군가가 사회복지사에게 클라이언트에 관한 정보를 제공했을 때, 클라이언트의 알 권리를 고려해 그 사실을 클라이언트에게 알려주는 것이 좋을까?
- 클라이언트의 알 권리와 사회복지사의 진실성 고수라는 면에서 클라이언트에게 진실을 말해주어야 하지만, 그 경우 정보제공자의 비밀보장에 대한 권리는 어떻게 해야 하는가?

07 답 ④

사회복지사 윤리강령은 비윤리적 실천으로부터 클라이언트를 보호할 뿐만 아니라, 실천오류(malpractice) 소송으로부터 사회복지사를 보호하는 기능도 수행한다.

08 답 ③

노인복지관과 노인교실은 노인여가복지시설이다.

오답 체크

① 주간보호시설은 재가노인복지시설이고, 경로당은 노인여가복지시설이다.
② 노인복지주택은 노인주거복지시설이고, 단기보호시설은 재가노인복지시설이다.
④ 양로시설은 노인주거복지시설이고, 노인요양시설은 노인의료복지시설이다.

09 답 ①

에릭슨의 발달단계와 심리사회적 위기

단계		심리사회적 위기(발달과업)	강화되는 자아특질
1	유(乳)아기	기본적 신뢰감 대 불신감	희망
2	초기아동기	자율성 대 수치심과 의심	의지
3	유희기(학령전기)	주도성(솔선성) 대 죄의식	목적
4	학령기(아동기)	근면성 대 열등감	능력
5	청소년기	자아정체감 대 자아정체감 혼란	성실
6	성인초기	친밀감 대 고립	사랑
7	중년기	생산성 대 침체	배려
8	노년기	자아완성(자아통합) 대 절망	지혜

10 답 ①

장애인연금과 기초연금은 공공부조 방식의 공적연금이다.

11 답 ②

훈습, 자유연상 등은 정신분석모델(정신역동모델)의 개입기법이다.

12 답 ④

「장애인복지법」 제3조(기본이념) : 장애인복지의 기본이념은 장애인의 완전한 사회 참여와 평등을 통하여 사회통합을 이루는 데에 있다.

오답 체크

① 장애를 손상(impairment), 능력저하(disability), 사회적 불리(handicap)로 구분한 국제장애분류체계는 세계보건기구(WHO)가 1980년에 발표한 새로운 국제장애분류체계 ICIDH이다.
② 18세 이상의 장애 정도가 심한 장애인(중증장애인) 중 하위 소득 70%에 해당하는 사람에게 장애인연금을 지급한다. 장애 정도가 심하지 않은 장애인(경증장애인)은 장애인연금 대상에 해당되지 않는다.
③ 「장애인복지법」에서는 장애 유형을 신체적 장애와 정신적 장애로 구분한다.

13 답 ③

사회복지제도가 다른 사회제도의 기능과 구별되는 주요 기능으로 사회구성원 간 상부상조 기능을 수행한다고 보는 관점은 제도적 관점이다.

14 답 ④

보장기관은 이 법에 따른 급여를 개별가구 단위로 실시하되, 「장애인복지법」에 따라 등록한 장애인 중 장애의 정도가 심한 장애인으로서 보건복지부장관이 정하는 사람에 대한 급여 등 특히 필요하다고 인정하는 경우에는 개인 단위로 실시할 수 있다.

15 답 ④

프로그램을 통합·조정하거나 프로그램을 지속적이고 안정적으로 유지하는 데 더 유리한 공공 전달체계는 지방정부보다 **중앙정부**이다.

16 답 ④

통계적 회귀, 도구 효과, 검사 효과, 성숙, 외부사건(역사요인), 확산과 모방, 조사대상자의 상실(변동), 편향된 선별 등은 내적 타당도를 저해하는 요인들이다.

> **오답 체크**
> ① 조사반응성(research reactivity) 및 연구표본의 대표성에 영향을 받는 것은 **외적 타당도**이다.
> ② 조사의 연구결과를 다른 조건의 환경이나 집단으로 일반화할 수 있는 정도를 의미하는 개념은 **외적 타당도**이다. 내적 타당도는 독립변수와 종속변수 사이의 인과관계를 확신할 수 있는 정도를 의미한다.
> ③ 유사실험설계는 실험설계보다 내적 타당도가 낮다.

17 답 ①

> **오답 체크**
> ② 정책결정 체계의 성과를 최적화하기 위해 경제적 합리성과 직관, 창의력 등 초합리적 요소를 중요하게 간주하는 모형은 **최적모형**이다.
> ③ 과거의 정책결정을 기초로 하여 약간의 변화를 추구하면서 새로운 정책대안을 검토하고 점증적으로 수정하는 과정을 거친다고 보는 모형은 **점증모형**이다.
> ④ 합리모형과 점증모형의 절충적인 형태로서 중요한 문제의 경우에는 합리모형에서와 같이 포괄적 관찰을 통해 기본적인 정책결정을 하고, 이후 기본적인 결정을 수정·보완하면서 세부적인 사안을 점증적으로 결정한다는 모형은 **혼합모형**이다.

18 답 ②

민간의 지원에서 공공의 지원으로 변화했다.

로마니쉰(Romanyshyn)이 제시한 사회변화에 따른 사회복지 개념의 변화

① 잔여적 개념 → 제도적 개념
② 자선 → 시민의 권리
③ 특수성 → 보편성
④ 최저수준(최저생활 보장) → 적정수준(최적생활 보장)
⑤ 개인의 변화 → 사회개혁
⑥ 자발적 자선(민간의 지원) → 공공활동(공공의 지원)
⑦ 빈민에 대한 복지 → 복지사회

19 답 ③

사회보험에 드는 비용은 사용자, 피용자(被傭者) 및 자영업자가 부담하는 것을 원칙으로 하되, 관계 법령에서 정하는 바에 따라 국가가 그 비용의 일부를 부담할 수 있다. 사회보험은 국가의 책임으로 운영되기 때문에 '지방자치단체'가 사회보장 비용을 부담하지는 않는다.

20 답 ④

아동수당은 8세 미만의 아동에게 지급하되, 2세 미만의 아동은 아동수당에 더하여 추가적으로 부모급여를 지급한다.

제6회 기출재조합 모의고사 정답 및 해설

01	02	03	04	05	06	07	08	09	10
③	①	②	②	②	①	④	②	②	③
11	12	13	14	15	16	17	18	19	20
④	①	②	③	③	④	②	④	②	①

01 답 ③
③은 선별주의에 대한 설명에 해당한다. 나머지는 모두 보편주의에 대한 옳은 설명이다.

02 답 ①
- 입양은 대리적 서비스, 보육서비스는 보충적 서비스이다.
- ②는 모두 보충적 서비스, ③은 모두 대리적 서비스, ④는 모두 지지적 서비스에 해당한다.

03 답 ②
청소년보호시설은 「청소년보호법」상 시설이다.

04 답 ②
②는 조정자가 아니라 **중재자** 역할에 해당한다. 조정자 역할의 핵심은 서비스들을 연계하고 조정하는 데 있다.

05 답 ②
시·군·구가 아동통합서비스지원기관을 설치·운영한다.

06 답 ①
- 층화표집과 단순무작위표집은 확률표집방법에 해당하고, 할당표집과 눈덩이표집은 비확률표집방법에 해당한다.
- 동일한 모집단에서 동일한 수의 표본을 선정하는 경우, 확률표집방법은 비확률표집방법보다 표집오류(표집오차)가 작다. 그리고 **확률표집방법 중에서는 층화표집의 표집오류가 가장 작고 집락표집의 표집오차가 가장 크다.** 따라서 제시된 보기 중 표집오류가 가장 작은 것은 확률표집방법 중에서도 ①의 층화표집이라 할 수 있다.

07 답 ④
- 프랑스, 독일, 오스트리아 등 유럽 대륙국가들은 **조합주의(보수주의) 복지국가** 유형에 해당한다.
- 사회민주주의 복지국가에는 스웨덴, 덴마크, 핀란드, 노르웨이 등 북유럽의 스칸디나비아 국가들이 해당된다.

08 답 ②
윌렌스키와 르보(Wilensky&Lebeaux)는 현대 산업사회의 사회복지활동 기준으로 공식 조직, 사회 승인과 사회 책임, **이윤추구 배제**, 인간 욕구에 대한 통합적 관심, 인간 소비욕구에 대한 직접적 관심 등을 제시하였다.

09 답 ②
개인의 기본적 복지권은 타인의 자기결정권에 대해서는 우선하지만, 그 자신의 자기결정권에 대해서는 우선하지 않는다. 즉, **개인의 자기결정권이 그 자신의 기본적 복지권보다 우선한다.**

> **리머(Reamer)의 윤리적 의사결정 지침**
> ① 인간행위의 필수적 전제조건(생명, 건강, 음식, 주거, 정신적 균형)에 대한 기본적인 위해를 막는 규칙은 거짓말을 하거나 비밀정보 누설, 오락, 교육, 재산과 같은 부가재를 위협하는 것과 같은 위해를 막는 규칙보다 우선한다.
> ② 개인의 기본적 복지권(인간행위의 필수적인 조건 포함)은 타인의 자기결정권보다 우선한다.
> ③ 개인의 자기결정권은 그 자신의 기본적 복지권보다 우선한다.
> ④ 자발적이고 자유롭게 동의한 법률, 규칙, 규정을 준수해야 하는 의무는 이들 법률, 규칙, 규정과 갈등을 일으키는 방식으로 행동하는 개인의 권리보다 통상적으로 우선한다.
> ⑤ 개인의 복지권은 그와 갈등을 일으키는 법률, 규칙, 규정 및 지원단체들의 협정보다 우선한다.
> ⑥ 기아와 같은 기본적 위해를 예방하고 주택, 교육, 공공부조와 같은 공공재를 증진시킬 의무는 개인의 완전한 재산관리권보다 우선한다.

10 답 ③
ㄱ과 ㄴ은 현물급여에 해당한다. 참고로 「사회복지사업법」에서는 '사회복지서비스를 필요로 하는 사람에 대한 사회복지서비스 제공은 현물(現物)로 제공하는 것을 원칙으로 한다.'고 규정하고 있다.

우리나라 사회보장제도의 대표적인 현금급여
• 국민기초생활보장제도 : 생계급여, 해산급여, 장제급여 • 건강보험 : 요양비, 장애인보조기기 구입비 등 • 국민연금 : 노령연금, 장애연금, 유족연금 • 고용보험 : 실업급여(구직급여, 취업촉진수당) • 산재보험 : 요양급여를 제외한 나머지 급여들(휴업급여, 장해급여, 장례비, 유족급여, 상병보상연금, 간병급여, 직업재활급여) • 장애인연금 • 기초연금 • 아동수당

11 답 ④

- 인지행동모델은 개인의 감정이나 행동변화를 위해 부정적 감정의 근원이 되는 비합리적 신념이나 인지의 오류를 밝혀내고 도전함으로써 인지를 재구조화하도록 돕는 사회복지실천모델이다. 강점관점에서는 문제를 줄이는 전략이 아니라 강점을 강화하는 전략을 강조하는데, 인지행동모델은 인지의 문제(비합리적 신념이나 인지의 오류)를 수정하는 데 초점을 두기 때문에 강점관점에 기반을 둔 모델이라고 할 수 없다.
- 강점관점에 기반을 둔 대표적인 모델은 해결중심모델과 권한부여모델(역량강화모델 혹은 임파워먼트모델)이다.

12 답 ①

반두라의 사회학습이론의 핵심 키워드는 인지, 관찰학습, 자기강화, 자기효능감, 상호결정론, 모방, 모델링 등이다.

13 답 ②

두 변수 간 인과관계의 확인을 위해 필요한 3가지 경험적 조건은 공변성, 시간적 우선성, 통제성(외부설명의 배제)이다. ㄱ은 공변성, ㄷ은 통제성에 해당하는 옳은 서술이다.

오답 체크

ㄴ은 다음과 같이 수정해야 옳다. '**독립변수는 시간적으로 종속변수보다 선행해야 한다.**'

14 답 ③

개개인의 독특성(고유성, 개별적인 특징)을 존중하여 그에 적합한 다각적인 접근을 하는 것은 개별화의 원칙에 해당한다. 개별화 원칙을 위해 사회복지사는 고정관념이나 편견에서 벗어나 클라이언트를 그 개인의 고유한 특성과 상황, 욕구 속에서 바라볼 수 있어야 한다.

15 답 ③

프로그램 진행인력의 수, 비용 등은 **투입**(input) 요소에 해당한다. 산출(output)의 예에는 프로그램을 통해 서비스를 제공받은 클라이언트의 수나 프로그램 참여(혹은 이수)자의 수 등을 들 수 있다.

16 답 ④

클라이언트에 대한 **상담·교육·치료** 등의 직접적 개입기술뿐만 아니라 **옹호·연계·협력·조정** 등의 간접적인 개입기술을 필요로 한다.

17 답 ②

빈민에 대한 임금지불과 직업보도 등을 처음 시작한 시기는 **작업장법(나치블법, 1722)**에서부터였다(엄밀하게 따지면 처음 시도한 것은 1696년 브리스톨 작업장 설립에서부터지만, 공무원시험에서는 1722년 작업장법을 중심으로 문제가 출제되므로 1722년 작업장법으로 알고 있어도 무방하다). 이 문제의 포인트는 정확한 연도보다는, 길버트법 이전에 제정된 작업장법에서 임금지불과 직업보도가 이미 도입되었음을 알고 있는 것에 있다.

18 답 ④

클라이언트의 사생활 보호 및 비밀 보장에 대한 우리나라 사회복지사 윤리강령의 규정은 다음과 같다.

> 사회복지사는 클라이언트의 사생활을 존중하고 보호하며, 전문적 관계에서 얻은 클라이언트 관련 정보에 대해 비밀을 유지한다. 그러나 클라이언트 자신과 타인에게 해를 입히거나 범죄행위와 관련된 경우에는 예외로 할 수 있다.

19 답 ④

ㄱ의 수직적 소득재분배 효과는 공공부조가 사회보험보다 강하다. 사회보험은 수평적 소득재분배 효과가 높다. 그 외 ㄴ, ㄷ, ㄹ은 모두 사회보험의 상대적 장점에 해당한다.

20 답 ①

국내외 사회보장환경의 변화와 전망은 「사회보장기본법」에서 규정하고 있는 사회보장에 관한 기본계획(사회보장기본계획, 보건복지부장관이 수립)에 포함되어야 하는 내용이다.

「사회보장급여의 이용·제공 및 수급권자 발굴에 관한 법률」
제36조(지역사회보장계획의 내용)
① 시·군·구 지역사회보장계획은 다음 각 호의 사항을 포함하여야 한다.
  1. 지역사회보장 수요의 측정, 목표 및 추진전략
  2. 지역사회보장의 목표를 점검할 수 있는 지표(지역사회보장지표)의 설정 및 목표
  3. 지역사회보장의 분야별 추진전략, 중점 추진사업 및 연계협력 방안
  4. 지역사회보장 전달체계의 조직과 운영
  5. 사회보장급여의 사각지대 발굴 및 지원 방안
  6. 지역사회보장에 필요한 재원의 규모와 조달 방안
  7. 지역사회보장에 관련한 통계 수집 및 관리 방안
  8. 지역 내 부정수급 발생 현황 및 방지대책
  9. 그 밖에 대통령령으로 정하는 사항

「사회보장기본법」
제16조(사회보장 기본계획의 수립)
① 보건복지부장관은 관계 중앙행정기관의 장과 협의하여 사회보장 증진을 위하여 사회보장에 관한 기본계획을 5년마다 수립하여야 한다.
② 기본계획에는 다음 각 호의 사항이 포함되어야 한다.
  1. 국내외 사회보장환경의 변화와 전망
  2. 사회보장의 기본목표 및 중장기 추진방향
  3. 주요 추진과제 및 추진방법
  4. 필요한 재원의 규모와 조달방안
  5. 사회보장 관련 기금 운용방안
  6. 사회보장 전달체계
  7. 그 밖에 사회보장정책의 추진에 필요한 사항
③ 기본계획은 사회보장위원회와 국무회의의 심의를 거쳐 확정한다.

제7회 기출재조합 모의고사 정답 및 해설

01	02	03	04	05	06	07	08	09	10
④	③	②	②	③	④	③	①	①	②
11	12	13	14	15	16	17	18	19	20
①	④	②	②	①	④	②	①	③	④

01 답 ④

에스핑-앤더슨의 복지국가 유형별 핵심 특징

구분	자유주의 복지국가	조합주의 복지국가	사회민주주의 복지국가
전형적 국가	미국, 캐나다, 오스트레일리아 등	프랑스, 독일, 오스트리아 등 유럽 대륙국가들	스웨덴, 덴마크, 핀란드, 노르웨이 등 스칸디나비아 국가들
탈상품화 정도	매우 낮음	높음(혹은 제한적임)	매우 높음
계층화 정도	매우 높음 (계층 간 대립 심화)	높음 (계층 간 차이 유지)	낮음 (계층 간 통합 강화)
국가 역할	주변적	보조적	중심적
시장 역할	중심적	주변적	주변적

02 답 ③

네겐트로피(역엔트로피, negative entropy 혹은 negentropy)는 체계 외부로부터 에너지가 유입되어 체계 내부에 유용하지 않은 에너지가 감소하는 것을 말한다.

오답 체크

① 홀론 : 부분임과 동시에 전체라는 체계 속성
② 엔트로피 : 체계가 폐쇄적이면 새로운 자원이나 에너지가 유입되지 못하거나 불필요한 것들이 외부로 빠져나가지 못해 체계 내에 잔류하게 되고 시간이 지나면서 모든 요소들이 비슷해지기 시작하여 결과적으로 효과적인 기능이 상실되는 것
④ 시너지 : 체계 내에 유용한 에너지가 증가하는 것

03 답 ②

위험 분산을 위한 사전예방적 성격(미리미리 보험료를 납부하게 하며, 가입자들 사이의 위험 분산을 목적으로 함)은 **사회보험과 민간보험의 차이점이 아니라 공통점이다**. 다만 강제가입을 통해 가입자 수를 늘리고 역 선택 및 도덕적 해이 문제를 줄

임으로써 사회보험은 민간보험보다 위험 분산 효과가 훨씬 크다.

04 답 ②
공공부조 5대 법률뿐만 아니라 복지지원, 모금, 기부, 보호, 복지 등이 법명에 들어가는 대부분의 법들은 「사회복지사업법」에서 사회복지사업으로 규정하고 있는 법률에 포함된다. 「치매관리법」은 포함되지 않는다.

05 답 ③
- ③은 「사회보장기본법」상 사회서비스가 아니라 **사회보장에 대한 정의**이다.
- 「사회보장기본법」상 주요 용어의 정의에서 다음 두 용어의 정의를 구분해두자.

> - "사회보장"이란 출산, 양육, 실업, 노령, 장애, 질병, 빈곤 및 사망 등의 사회적 위험으로부터 모든 국민을 보호하고 국민 삶의 질을 향상시키는 데 필요한 소득·서비스를 보장하는 사회보험, 공공부조, 사회서비스를 말한다.
> - "사회서비스"란 국가·지방자치단체 및 민간부문의 도움이 필요한 모든 국민에게 복지, 보건의료, 교육, 고용, 주거, 문화, 환경 등의 분야에서 인간다운 생활을 보장하고 상담, 재활, 돌봄, 정보의 제공, 관련 시설의 이용, 역량 개발, 사회참여 지원 등을 통하여 국민의 삶의 질이 향상되도록 지원하는 제도를 말한다.

06 답 ④
신구빈법(개정구빈법)은 열등처우 원칙, 전국 균일처우 원칙, 작업장 수용 원칙에 따라 빈민을 구제하였다. 빈민의 생활수준은 최하층 근로자의 생활수준보다 낮아야한다는 원칙은 이 중 **열등처우 원칙**을 말한다.

07 답 ③
노인장기요양서비스를 제공하는 장기요양기관 운영 주체는 개인, 비영리법인, 영리법인 모두 가능하다.

08 답 ①
고려시대에 도입되어 조선시대까지 이어진 **상평창**은 물가조절 기능을 수행했다. 사창은 조선 문종 1년에 도입되었으므로 고려시대와는 관련이 없다.

09 답 ①

오답 체크

ㄴ. 아동권리보장원의 장, 가정위탁지원센터의 장 및 아동복지시설의 장은 보호하고 있는 **15세 이상**의 아동을 대상으로 매년 개별 아동에 대한 자립지원계획을 수립해야 한다.

ㄹ. 「아동복지법」에서 금지하고 있는 행위 중 아동을 매매하는 행위에 대해 유죄가 인정되었을 경우에는 **벌금형 없이 징역형**에만 처하도록 규정하고 있다(10년 이하의 징역).

「아동복지법」상 아동복지시설 종류

아동양육시설	보호대상아동을 입소시켜 보호, 양육 및 취업훈련, 자립지원 서비스 등을 제공하는 것을 목적으로 하는 시설
아동일시보호시설	보호대상아동을 일시보호하고 아동에 대한 향후의 양육대책수립 및 보호조치를 행하는 것을 목적으로 하는 시설
아동보호치료시설	아동에게 보호 및 치료 서비스를 제공하는 다음 각 목의 시설 가. 불량행위를 하거나 불량행위를 할 우려가 있는 아동으로서 보호자가 없거나 친권자나 후견인이 입소를 신청한 아동 또는 가정법원, 지방법원소년부지원에서 보호위탁된 19세 미만인 사람을 입소시켜 치료와 선도를 통하여 건전한 사회인으로 육성하는 것을 목적으로 하는 시설 나. 정서적·행동적 장애로 인하여 어려움을 겪고 있는 아동 또는 학대로 인하여 부모로부터 일시 격리되어 치료받을 필요가 있는 아동을 보호·치료하는 시설
공동생활가정	보호대상아동에게 가정과 같은 주거여건과 보호, 양육, 자립지원 서비스를 제공하는 것을 목적으로 하는 시설
자립지원시설	아동복지시설에서 **퇴소한 사람**에게 취업준비기간 또는 취업 후 일정 기간 동안 보호함으로써 자립을 지원하는 것을 목적으로 하는 시설
아동상담소	아동과 그 가족의 문제에 관한 상담, 치료, 예방 및 연구 등을 목적으로 하는 시설
아동전용시설	어린이공원, 어린이놀이터, 아동회관, 체육·연극·영화·과학실험전시 시설, 아동휴게숙박시설, 야영장 등 아동에게 건전한 놀이·오락, 그 밖의 각종 편의를 제공하여 심신의 건강유지와 복지증진에 필요한 서비스를 제공하는 것을 목적으로 하는 시설
지역아동센터	**지역사회** 아동의 보호·교육, 건전한 놀이와 오락의 제공, 보호자와 **지역사회**의 연계 등 아동의 건전육성을 위하여 종합적인 아동복지서비스를 제공하는 시설
기타 아동복지시설	아동보호전문기관, 가정위탁지원센터, 아동권리보장원, 자립지원전담기관

10 답 ②
효율은 크게 파레토효율과 수단적 효율 개념으로 구분될 수 있는데, 파레토효율은 더 이상 어떠한 개선이 불가능한 최적의 자원배분 상태를 의미하며, 수단적 효율은 특정한 목표를 달성하는 데 가능한 한 적은 자원을 투입하여 최대한의 산출을 얻는 것을 의미한다.

오답 체크
① 사회구성원의 유사성에 근거한 전통사회에서의 지배적인 연대는 **기계적 연대**이다. 유기적 연대는 노동의 분화와 상호보완성을 특징으로 하는 현대사회에서 요구되는 연대로, 서로 다른 이질적인 요소들이 상호보완적으로 연대하는 것을 의미한다.
③ 정책이 원래 의도했던 목표를 달성한 정도는 효율성이 아니라 **효과성**이다. 효율성은 최소의 자원으로서 최대의 효과를 내는 것 즉, 제한된 자원으로 최대의 정책목표를 성취하는 것에 초점을 둔 개념이다.
④ 자신이 원하는 것을 할 수 있는 자유는 **적극적 자유**이다. 소극적 자유는 다른 사람의 의지, 간섭, 구속 등으로부터의 자유이다.

11 답 ①
- 전략적 가족치료모델의 대표적 기법인 역설적 지시에 해당하는 기법에는 증상처방, 시련기법, 제지기법이 있다.
- 합류(joining) 기법은 전략적 가족치료가 아니라 구조적 가족치료모델의 기법 중 하나로, 가족개입 초기단계에서 가족과 가족치료자 사이의 자연스러운 관계(친화관계 혹은 라포)를 형성하는 기법이다.

12 답 ④
- ①과 ④는 측정과정에서 발생할 수 있는 측정오류로, ①은 비체계적(무작위적) 오류이고 ④는 체계적 오류이다.
- ②와 ③은 자료분석 및 해석과정에서 범할 수 있는 분석단위 관련 오류로, ②는 생태학적 오류이고 ③은 환원주의 오류이다.

13 답 ②
사회복지사는 클라이언트의 사생활을 존중하고 보호하며, 전문적 관계에서 얻은 클라이언트 관련 정보에 대해 **비밀을 유지한다**. 그러나 클라이언트 자신과 타인에게 해를 입히거나 범죄행위와 관련된 경우에는 예외로 할 수 있다(클라이언트에 대한 윤리기준).

14 답 ②
근로장려세제는 근로소득이 있는 저소득층에게 근로장려금을 지급함으로써 근로의욕을 높이고 실질소득을 지원하기 위한 제도로, 「조세특례제한법」에 근거하여 국세청에서 담당한다.

15 답 ①
클라이언트의 메시지가 추상적이거나 혼란스러운 경우 보다 구체적으로 표현하도록 클라이언트에게 요청하는 것은 **명료화 기법**이다.

16 답 ④
사회보험은 중앙정부(국가) 책임으로, 공공부조는 중앙정부와 지방정부(국가와 지방자치단체) 책임으로 시행한다.

17 답 ②
사회복지실천에 **생태체계이론**이 도입되면서 새로운 이론적 기반을 형성하였다.

18 답 ①
① 「사회서비스 이용 및 이용권 관리에 관한 법률」 - 2011년 제정
② 「장애인차별금지 및 권리구제 등에 관한 법률법」 - 2007년 제정
③ 「청소년복지 지원법」 - 2004년 제정
④ 「노인복지법」 - 1981년 제정

19 답 ③
윌렌스키와 르보(Wilensky & Lebeaux)는 사회복지제도의 기능이 다른 사회제도를 임시로 보충하는 기능만 하는지(잔여적 개념) 다른 사회제도와 구별되는 독립적이고도 동등하며 필수적인 기능을 수행하는지(제도적 개념)에 따라 잔여적 개념과 제도적 개념을 구분하였다.

오답 체크

① 복지다원주의(welfare pluralism)는 정부뿐만 아니라 민간 부문의 조직들도 복지제공의 주체가 된다고 본다.
② 에스핑-안데르센(Esping-Andersen)의 복지국가의 유형화에 의하면, 사회민주주의 복지국가(스웨덴, 덴마크, 노르웨이 등)의 **탈상품화 정도가 가장 높다**. 독일이나 프랑스는 조합주의 복지국가 유형에 해당한다.
④ 조지와 윌딩(George & Wilding)이 제시한 '신우파'의 중심 가치는 자유, 개인주의 불평등이다. 이때 이들이 옹호하는 자유는 적극적 자유가 아니라 **소극적 자유**이다.

20 답 ④

정당한 사유 없이 장애인에 대한 제한·배제·분리·거부 등 불리한 대우를 표시·조장하는 광고를 직접 행하거나 그러한 광고를 허용·조장하는 경우도 이 법에 따른 **차별에 해당**한다. 이 경우 광고는 통상적으로 불리한 대우를 조장하는 광고효과가 있는 것으로 인정되는 행위를 포함한다.

제4조(차별행위)

① 이 법에서 금지하는 차별이라 함은 다음 각 호의 어느 하나에 해당하는 경우를 말한다.
 1. 장애인을 장애를 사유로 정당한 사유 없이 제한·배제·분리·거부 등에 의하여 불리하게 대하는 경우
 2. 장애인에 대하여 형식상으로는 제한·배제·분리·거부 등에 의하여 불리하게 대하지 아니하지만 정당한 사유 없이 장애를 고려하지 아니하는 기준을 적용함으로써 장애인에게 불리한 결과를 초래하는 경우
 3. 정당한 사유 없이 장애인에 대하여 정당한 편의 제공을 거부하는 경우
 4. 정당한 사유 없이 장애인에 대한 제한·배제·분리·거부 등 불리한 대우를 표시·조장하는 광고를 직접 행하거나 그러한 광고를 허용·조장하는 경우. 이 경우 광고는 통상적으로 불리한 대우를 조장하는 광고효과가 있는 것으로 인정되는 행위를 포함한다.
 5. 장애인을 돕기 위한 목적에서 장애인을 대리·동행하는 자에 대하여 1~4의 행위를 하는 경우. 이 경우 장애인 관련자의 장애인에 대한 행위 또한 이 법에서 금지하는 차별행위 여부의 판단대상이 된다.
 6. 보조견 또는 장애인보조기구 등의 정당한 사용을 방해하거나 보조견 및 장애인보조기구 등을 대상으로 위의 4에 따라 금지된 행위를 하는 경우

제5조(차별판단)

① 차별의 원인이 2가지 이상이고, 그 주된 원인이 장애라고 인정되는 경우 그 행위는 이 법에 따른 차별로 본다.
② 이 법을 적용함에 있어서 차별 여부를 판단할 때에는 장애인 당사자의 성별, 장애의 유형 및 정도, 특성 등을 충분히 고려하여야 한다.

제8회 기출재조합 모의고사 정답 및 해설

01	02	03	04	05	06	07	08	09	10
②	③	①	④	③	④	③	①	④	②
11	12	13	14	15	16	17	18	19	20
①	③	①	②	④	④	③	③	①	②

01 답 ②

공적연금 중 장애인연금과 기초연금은 사회보험이 아니라 공공부조이다.

옳은 선지 보충설명

① 공무원연금, 군인연금, 사립학교교직원연금, 별정우체국연금 등의 특수직역연금은 사회보험에 속한다.
③ 노령연금은 국민연금의 급여 유형으로 사회보험에 속한다.
④ 상병보상연금은 산업재해보상보험의 급여 유형으로 사회보험에 속한다.

02 답 ③

우리나라 법령 중 '사회사업'을 정의하고 있는 법은 없다. 선지 ③은 '사회복지서비스'에 대한 「사회복지사업법」의 다음 정의를 변형해 만든 오답일 뿐이다.

"사회복지서비스"란 국가·지방자치단체 및 민간부문의 도움을 필요로 하는 모든 국민에게 「사회보장기본법」에 따른 사회서비스 중 사회복지사업을 통한 서비스를 제공하여 삶의 질이 향상되도록 제도적으로 지원하는 것을 말한다.

03 답 ①

- 집합주의는 제도적이고 보편적인 복지와 관련되는 이념이다.
- 잔여적·선별적 복지는 보수주의, 예외주의, 개인주의와 관련되고, 제도적·보편적 복지는 자유주의, 보편주의, 집합주의와 관련된다.

04 답 ④

- 자선조직협회는 구제신청 빈민의 가정을 우애방문자들이 방문해 철저한 조사를 거쳐 구제여부 및 구제형태를 결정하였고, 우애방문자들이 구제대상 빈민가정을 방문

해 구호활동을 하는 방식으로 문제를 해결하고자 했다.
- 인보관운동에서는 빈곤 문제의 근원으로 사회적인 측면을 강조했지만, 자선조직협회는 빈민의 개인적 측면을 강조했다.
- 자선조직협회의 활동은 과학적, 체계적, 효율적 자선의 발전에 기여하였다.

05 답 ③
- 오늘날의 가족수당과 최저생활보장의 기반이 된 법은 **스핀햄랜드법**이다.
- **길버트법**은 작업장에서의 빈민의 비참한 생활과 착취를 개선할 목적으로 제정된, 기존의 억압적인 구빈 전통에서 탈피하여 **처음으로 인도주의적인 관점에서 접근한 구빈 제도**라는 점에서 의의가 있다. 아울러 길버트법을 통해 빈민에 대한 공공부조가 작업장 중심의 시설보호에서 원외구호(재가복지)로 전환했다는 점에서 **재가복지(거택구호)의 효시**라고도 볼 수 있다.

06 답 ④
① 행복e음은 '사회복지통합관리망'이라는 이름으로 2010년 처음 개통되었고, 현재는 사회보장정보시스템으로 이름이 변경되어 운영되고 있다.
② 노인장기요양보험제도는 2007년 제정된 「노인장기요양보험법」이 2008년 시행되면서 실시되었다.
③ 제1회 사회복지사 1급 국가시험은 2003년에 실시되었다 (1급 국가시험의 법제화는 1997년 「사회복지사업법」 개정을 통해서였음).
④ 사회보장기본계획 수립 및 시행의 법제화는 2012년 「사회보장기본법」 전부개정을 통해 이루어졌으며 제1차 사회보장기본계획(2014~2018년)은 2014년부터 시행되었다.

07 답 ③
라이덴 방식의 빈곤 산정은 **주관적 빈곤** 개념을 측정하는 방식이다.

08 답 ①
우리나라 사회복지사 윤리강령은 **한국사회복지사협회**에서 제정한다.

09 답 ④
ㄴ. 능력에 따른 차등적 자원배분을 강조하는 비례적 평등은 자신의 능력만큼 자원을 확보하는 시장의 일차적 배분 결과를 지지하는 경향이 결과의 평등보다 강하다. 이와 달리 결과의 평등은 시장에서의 자원분배의 격차(소득불평등)를 줄이기 위한 소득재분배 정책을 지지하는 경향이 비례적 평등보다 강하다. 즉, 자원분배 결과를 보다 평등하게 시정하기 위한 국가 정책을 지지한다는 것이다.
ㄹ. 기회의 평등은 참여와 시작 단계에서부터 평등을 강조하며, 결과의 불평등을 인정한다는 점에서 가장 소극적인 평등개념이라 할 수 있다. 이와 달리 결과의 불평등을 줄여 자원분배를 보다 평등하게 하려는 결과의 평등은 가장 적극적인 평등개념이라 할 수 있다.

> 오답 체크
ㄱ. 평등을 형평(equity) 개념으로 보는 평등의 유형은 **비례적 평등**이다.
ㄷ. **결과의 평등**(수량적 평등 혹은 산술적 평등)은 소득재분배를 목적으로 모든 사람에게 능력이나 기여와 상관없이 똑같이 사회적 자원을 배분한다.

10 답 ②
접근성은 맞지만, 표준화는 '개별화'로 바꿔야 옳다. 표준화는 시험에서 '개별화'의 오답으로 출제자들이 종종 사용하는 표현이므로 사회복지실천 부분의 문제에서 '표준화'라는 표현이 나오면 오답일 가능성이 높다고 생각하자.

11 답 ①
장애인 직업적응훈련시설은 장애인 직업재활시설에 속한다.

장애인복지시설의 종류

형태	시설종류	해당하는 시설들	
생활 시설	장애인 거주시설	• 장애유형별 거주시설 • 장애영유아 거주시설 • 장애인 공동생활가정	• 중증장애인 거주시설 • 장애인 단기거주시설
	장애인쉼터		
이용 시설	장애인 지역사회 재활시설	• 장애인복지관 • 장애인 체육시설 • 장애인 생활이동지원센터 • 점자도서관 • 점자도서 및 녹음서 출판시설 • 장애인 재활치료시설	• 장애인 주간보호시설 • 장애인 수련시설 • 한국수어 통역센터
	장애인 직업재활시설	• 장애인보호작업장 • 장애인근로사업장 • 장애인직업적응훈련시설	
	장애인 의료재활시설		
	장애인생산품 판매시설		

12 답 ④

불이익을 당하거나 부당한 대우를 받고 있는 클라이언트의 입장, 권리, 권익을 대변하고, 부당한 처우 및 정책 등의 변화를 도모하는 사회복지사 역할은 옹호자이다.

13 답 ③

문제를 바라보는 클라이언트의 관점을 좀 더 긍정적으로 수정하는 실천기술은 **재명명 혹은 재구성**이다.

14 답 ②

아동복지전담공무원, 사회복지전담공무원은 아동학대 신고의무자지만, 아동학대전담공무원은 신고의무자가 아니다. 아동학대전담공무원 및 경찰은 신고를 접수하는 위치에 있기 때문에 신고의무자가 아니다.

15 답 ④

사회보장급여법 제36조(지역사회보장계획의 내용)

① 시·군·구 지역사회보장계획은 다음 각 호의 사항을 포함하여야 한다.
  1. 지역사회보장 수요의 측정, 목표 및 추진전략
  2. 지역사회보장의 목표를 점검할 수 있는 지표(지역사회보장지표)의 설정 및 목표
  3. 지역사회보장의 분야별 추진전략, 중점 추진사업 및 연계협력 방안
  4. 지역사회보장 전달체계의 조직과 운영
  5. 사회보장급여의 사각지대 발굴 및 지원 방안
  6. 지역사회보장에 필요한 재원의 규모와 조달 방안
  7. 지역사회보장에 관련한 통계 수집 및 관리 방안
  8. 지역 내 부정수급 발생 현황 및 방지대책
  9. 그 밖에 대통령령으로 정하는 사항

오답 체크

① 보장기관의 장은 지역사회보장계획의 수립 및 지원 등을 위하여 지역사회보장조사를 **4년마다** 실시한다. 다만, 필요한 경우에는 수시로 실시할 수 있다.
② 시·군·구의 지역사회보장계획은 심의와 보고 절차를 거친 후 **시·도지사**에게 제출하여야 한다.
③ 시·군·구 지역사회보장계획은 **지역사회보장협의체**가 심의한다. 시·도 사회보장위원회가 심의하는 계획은 시·도 지역사회보장계획이다.

16 답 ④

급여에 관하여 필요한 사항을 따로 법률에서 정하는 급여 유형은 의료급여(「의료급여법」)와 주거급여(「주거급여법」) 두 가지이다. **교육급여는 별도의 법률을 따로 두지 않는다.**

※ **주의 : 다음 두 내용을 구분해 정리하자.**

• 국민기초생활보장제도의 급여 유형 중 주거급여는 국토교통부장관 소관, 교육급여는 교육부장관 소관, 그 외 나머지 급여는 보건복지부장관 소관이다.
• 의료급여와 주거급여는 별도의 법률로 급여에 관한 사항을 정한다.

17 답 ①

오답 체크

ㄴ. 주·야간보호와 방문간호뿐만 아니라 **단기보호도 재가급여**에 해당한다.
ㄹ. 대상자에게 제공되는 장기요양급여는 재가급여, 시설급여, **특별현금급여**로 구분된다.

18 답 ③

권한부여모델에서는 사회복지사의 전문성이나 주도에 의해서가 아니라 클라이언트가 자신의 역량, 강점, 자원을 활

용해 문제를 해결할 수 있는 역량을 강화하는 데 초점을 두며, 클라이언트와 사회복지사는 협력적인 파트너십을 토대로 문제해결 과정에 함께 참여한다.

19 답 ①

- 공공부조 5대 법률인 「국민기초생활 보장법」, 「긴급복지지원법」, 「기초연금법」, 「장애인연금법」, 「의료급여법」은 모두 권리구제에 대한 이의신청을 규정하고 있다.
- 사회보험 5대 법률 중 「국민건강보험법」에서만 이의신청을 규정하고 있고, 나머지 「국민연금법」, 「산업재해보상보험법」, 「고용보험법」, 「노인장기요양보험법」에서는 이의신청이 아니라 심사청구를 규정하고 있다.

20 답 ②

각 개념의 의미는 다음과 같다.
① 타당도 : 조사도구가 측정하고자 의도한 개념을 **정확히 측정하는 정도**
② 신뢰도 : 조사도구가 동일 대상을 측정한 값들 사이에 **일관성을 보이는 정도**
③ 내적 타당도 : 종속변수의 변화가 독립변수의 영향으로 나타났다고 볼 수 있는 정도(**인과관계**)
④ 외적 타당도 : 조사결과를 다른 대상이나 상황에 일반화할 수 있는 정도(**일반화 가능성**)

제9회 기출재조합 모의고사 정답 및 해설

01	02	03	04	05	06	07	08	09	10
④	①	③	②	③	④	①	②	③	②
11	12	13	14	15	16	17	18	19	20
②	③	③	②	④	②	②	①	①	④

01 답 ④
잔여적 복지는 사회문제 해결의 일차적인 책임이 **가족과 시장경제**에 있다고 본다.

02 답 ①

- 제3의 길은 **적극적 복지**를 지향하고 복지다원주의를 강조한다.
- 제3의 길을 제시한 기든스는 기존 복지국가의 바탕이 된 베버리지 보고서의 구상을 소극적 복지라고 비판하면서 적극적 복지, 복지다원주의, 사회투자국가 등을 특징으로 하는 제3의 길을 새로운 대안으로 제시하였다.

03 답 ③
매슬로우는 다섯 가지 욕구가 동시에 발생한다고 보지 않고, 하위욕구가 어느 정도 충족된 후에 상위욕구에 대한 동기가 순차적으로 발생한다고 보았다.

04 답 ②
성과주의예산은 사업계획을 세부사업으로 분류하고 각 세부사업을 '단위원가×업무량=예산액'으로 표시하여 편성한다. 예산을 통해 기관의 사업과 목표(어떤 활동을 얼마만큼 할 것인지에 대한 활동목표를 의미)를 파악할 수 있고, 사업별 예산 통제가 가능하며, 투입 중심의 품목별 예산과 달리 효율성을 제고할 수 있다.

05 답 ③
음모이론(사회통제이론)은 사회복지정책의 목적이 사회 안정과 질서 유지를 위한 사회통제에 있다고 보며, 사회복지정책의 수혜자는 지배계층이라고 본다. 가장 대표적인 예로 독일에서 노동자들 사이에 확산되고 있던 사회주의 사상을 통제하기 위한 목적으로 비스마르크가 사회보험을 도입한 것을 들 수 있다.

06 답 ④

④는 전환이 아니라 전치(displacement) 방어기제 사례이다. 전환은 심리적 갈등이 감각기관이나 수의근계통의 신체 증상으로 전환되어 나타나는 방어기제를, 전치는 어떤 대상으로 향했던 감정(주로는 공격적인 감정)을 덜 위험한 대상에게 향하게 하거나 표출하는 방어기제를 말한다.

07 답 ①

발달장애만 정신적 장애에 속하고, 나머지(안면장애, 뇌전증장애, 호흡기장애)는 모두 신체적 장애에 속한다. 세부적으로 분류하면 신체적 장애에 해당하는 세 가지 중 안면장애는 외부 신체기능의 장애에, 뇌전증장애와 호흡기장애는 내부기관 장애에 해당한다.

08 답 ②

ㄱ. 「장애인활동 지원에 관한 법률」은 2011년에 제정되었다.
ㄴ. 「저출산·고령사회기본법」은 2005년 5월 18일에 제정되었다.
ㄷ. 「사회보장급여의 이용·제공 및 수급권자 발굴에 관한 법률」은 2014년에 제정되었다.
ㄹ. 「긴급복지지원법」은 2005년 12월 23일에 제정되었다.

> 이 문제에서는 ㄴ, ㄹ의 제정연도가 동일하지만, 실제 답을 찾는 데는 둘 간의 선후를 구별하는 것은 이 문제의 답을 찾는 데 전혀 중요하지 않다. 실제 이런 방식의 기출문제가 최근에 출제된 적이 있어 비슷한 방식으로 문제를 구성해보았다. 실전에서 이런 문제가 나오면 같은 해 제정된 법의 제정순서를 판단하는 것은 별로 중요한 쟁점이 아니라고 편하게 생각하고 접근하자. (시험은 심리전이다. 흔들리면 안 된다.)

09 답 ③

국가나 지방자치단체가 설치한 사회복지시설은 필요한 경우 **사회복지법인이나 비영리법인**에 위탁하여 운영하게 할 수 있다.

10 답 ②

작업장법(나치블법, 작업장심사법, 작업장테스트법, The Workhouse Act, The Workhouse Test Act1722)은 노동이 가능한 빈민을 작업장에 고용하여 빈민에게 노동을 강제함으로써 구빈에 소요되는 재정지출을 경감하고 국부의 증진을 기하기 위해 제정되었다. 빈민에게 기술을 가르쳐 소득창출의 기회를 제공하고, 공동작업장을 설치하여 임금지불과 직업보도 등을 처음 시작하였다.

11 답 ②

클라이언트와 가족을 환경과의 관계 속에서 이해할 수 있게 도와주는 사정도구는 **생태도(eco-map)** 이다.

12 답 ③

오답 체크

ㄱ. 심리사회모델은 장기개입모델에 해당한다. 구조화된 접근을 강조하는 모델은 단기개입모델로 특히 과제중심모델과 인지행동모델이 구조화된 단기개입 접근을 강조하는 대표적인 모델이다.
ㄷ. 권한부여모델이 아니라 심리사회모델에 해당하는 설명이다.

13 답 ③

'독특한', '고유한', '개별적인', '특수성'이라는 키워드가 나오면 관계형성 원칙 중 '개별화'를 떠올리자.

14 답 ②

- 문제중심기록은 문제영역을 목록화하고, 각 문제에 대한 주관적 정보, 객관적 정보, 사정, 계획을 기록한다. 따라서 ②는 문제중심기록에 해당한다.

• 대화체기록은 예를 들어 다음과 같은 형태로 기록하는 것을 말한다. 일반적으로 과정기록을 할 때 이런 대화체 기록 방식을 많이 사용한다.

> [대화체기록 예시]
> 사회복지사 : 지난주에 계획했던 목표는 달성하셨어요?
> 클라이언트 : (한숨을 쉬며) 못했어요.
> 사회복지사 : 아 그랬군요. 뭔가 계획을 가로막는 일이 있었나보군요.
> 클라이언트 : 사실은... 지난 월요일에 부모님과 정말 크게 싸웠거든요. 아... 너무 맘이 상해서 다른 일에 도저히 집중을 못하겠더라고요.

15 답 ④

자립지원시설과 자립지원전담기관은 「아동복지법」에서 규정하고 있는 아동복지시설에 포함된다.

청소년복지시설의 종류(「청소년복지 지원법」 제31조)

청소년쉼터	가정 밖 청소년에 대하여 가정·학교·사회로 복귀하여 생활할 수 있도록 일정 기간 보호하면서 상담·주거·학업·자립 등을 지원하는 시설
청소년자립 지원관	일정 기간 청소년쉼터 또는 청소년회복지원시설의 지원을 받았는데도 가정·학교·사회로 복귀하여 생활할 수 없는 청소년에게 자립하여 생활할 수 있는 능력과 여건을 갖추도록 지원하는 시설
청소년치료 재활센터	학습·정서·행동상의 장애를 가진 청소년을 대상으로 정상적인 성장과 생활을 할 수 있도록 해당 청소년에게 적합한 치료·교육 및 재활을 종합적으로 지원하는 거주형 시설
청소년회복 지원시설	「소년법」에 따른 감호 위탁 처분(제1호처분)을 받은 청소년에 대하여 보호자를 대신하여 그 청소년을 보호할 수 있는 자가 상담·주거·학업·자립 등 서비스를 제공하는 시설

16 답 ②

오답 체크

ㄴ. 사회민주주의(페이비언 사회주의)는 복지의 탈상품화를 적극적으로 추구한다.
ㄹ. 반집합주의(신우파)는 시장을 중시하며, 자본주의 체제의 조절능력을 믿어 복지국가에 반대한다.

17 답 ②

①은 층화표집, ②는 집락표집, ③은 단순무작위표집, ④는 체계적 표집에 해당한다.

18 답 ①

완전경쟁이 아니라 불완전경쟁이 시장실패 유발요인이다.

19 답 ①

결과의 모호성은 사회복지사가 내린 결정의 결과가 불투명할 경우 어떤 결정이 최선일지를 판단하기 어려워 겪게 되는 윤리적 갈등으로, 입양을 했을 때와 하지 않았을 때 어떤 결과가 뒤따를지를 예측하기 어려워 윤리적 의사결정을 내리기 힘든 경우가 대표적인 사례에 해당한다.

윤리적 딜레마의 5가지 유형

가치 상충	둘 이상의 대립적(경쟁적) 가치에 직면했을 때 어떤 가치를 우선적으로 선택해야 할지와 관련해 겪게 되는 윤리적 갈등
의무 상충 (충성심과 역할 상충)	사회복지사가 자신이 소속된 기관에 대해 지켜야 할 의무와 클라이언트에 대해 지켜야 할 의무의 상충으로 겪게 되는 윤리적 갈등
다중 클라이언트 체계	클라이언트가 여러 명일 경우 누구를 클라이언트로 보고 누구의 이익을 최우선에 두고 개입해야 하는지를 판단하기 어려워 겪는 윤리적 갈등
결과의 모호성	사회복지사가 내린 결정의 결과가 불투명할 경우 어떤 결정이 최선일지를 판단하기 어려워 겪게 되는 윤리적 갈등
힘 또는 권력의 불균형	사회복지사와 클라이언트의 관계가 권력적으로 평등하지 않기 때문에 생기는 갈등으로, 클라이언트가 도움을 받는 입장이다 보니 전문가에게 쉽게 의존하게 되면서 발생하는 갈등 (예. 알 권리나 자기결정권의 훼손)

20 답 ④

누구든지 아동학대범죄를 알게 된 경우나 그 의심이 있는 경우에는 시·도, 시·군·구 또는 수사기관에 신고할 수 있다. 아동보호전문기관은 2020년 9월까지 아동학대 신고를 접수하는 기능을 수행했지만, 2020년 10월부터는 아동학대 신고접수를 시·도, 시·군·구에서 담당하게 되면서 아동보호전문기관의 장과 종사자는 아동학대 신고의무자로 변경되었다.

제10회 기출재조합 모의고사 정답 및 해설

01	02	03	04	05	06	07	08	09	10
③	④	①	④	③	①	④	②	④	②
11	12	13	14	15	16	17	18	19	20
①	②	④	③	②	①	④	③	②	④

01 답 ③
2023년 12월 현재 OECD 회원국 가운데 노령화지수가 가장 높은 나라는 일본이다. 우리나라는 OECD 회원국 중 노령화 속도가 가장 빠르다.

02 답 ④
①은 초점집단인터뷰, ②는 지역사회포럼, ③은 델파이기법에 해당한다.

03 답 ①
보편주의와 선별주의는 할당체계에 해당되는 개념으로, 이는 누구에게 급여를 지급할 것인지에 대한 내용이다.

04 답 ④
길버트와 스펙트는 사회복지제도가 수행하는 일차적 사회기능을 **상부상조**라고 보았다. 사회복지제도도 사회통합 기능을 수행하기는 하지만 다양한 사회제도들 중에서 사회통합을 일차적(주된) 사회기능으로 수행하는 사회제도는 종교제도이다.

05 답 ③
「사회보장기본법」과 「국민기초생활 보장법」은 급여수준의 기준을 '건강'하고 '문화'적인 생활 혹은 최저생활의 보장으로 규정하고 있다.

06 답 ①
① 「생활보호법」은 1961년에, 「산업재해보상보험법」은 1963년에 제정되었다.
② 「사회복지사업법」은 1970년에, 「사회보장기본법」은 1995년에 제정되었다.
③ 「영유아보육법」은 1991년에, 「노인복지법」은 1981년에 제정되었다.
④ 「기초연금법」은 2014년에, 「국민기초생활 보장법」은 1999년에 제정되었다.

07 답 ④
- 국민연금의 급여유형은 노령연금, 장애연금, 유족연금, 반환일시금이며, 반환일시금을 제외한 세 개의 급여는 각각 노령, 장애, 사망에 대해 지급하는 연금급여이다. 이를 통해 우리나라의 국민연금은 단순히 노령(은퇴)뿐만 아니라 장애와 사망 등의 사회적 위험에 대해서도 대비하여 국민생활안정에 기여하고자 하는 목적을 갖는다는 것을 알 수 있다.
- 「국민연금법」 제1조(목적) : 이 법은 국민의 **노령, 장애 또는 사망**에 대하여 연금급여를 실시함으로써 국민의 **생활안정과 복지 증진**에 이바지하는 것을 목적으로 한다.
- 참고로 ④번선지는 2020년 국가직에 출제되었던 선지이다.

오답 체크
① 5대 사회보험 중 가장 먼저 시행된 제도는 **산업재해보상보험제도**이다.
② 의료급여 수급권자는 노인장기요양보험 가입자가 아니지만, 장기요양급여를 신청하여 장기요양등급을 받으면 급여를 받을 수 있다. 이들에 대해 제공된 장기요양급여의 비용은 보험료 재정이 아니라 국가와 지방자치단체의 일반예산을 사용한다.

> **「노인장기요양보험법」 제12조(장기요양인정의 신청자격)**
> 장기요양인정을 신청할 수 있는 자는 노인등으로서 다음 각 호의 어느 하나에 해당하는 자격을 갖추어야 한다.
> 1. 장기요양보험가입자 또는 그 피부양자
> 2. 「의료급여법」에 따른 수급권자

③ 2011년 1월부터 고용보험을 포함한 5대 사회보험 모두 보험료 고지, 수납 및 체납관리를 **국민건강보험공단**에서

담당하고 있다.

08 답 ②
여성문제의 해결을 위해서는 가부장제가 철폐되어야 한다고 보는 페미니즘 분파는 급진주의(급진적) 페미니즘이며, 가부장제에 기인한 사적 영역인 가정에서의 차별과 억압에 초점을 맞춘다.

오답 체크
① 자유주의 페미니즘은 (교육, 직업, 지위 등에서의) 남녀의 동등한 권리에 초점을 맞춘다.
③ 마르크스주의 페미니즘은 여성억압의 궁극적 원인을 계급 불평등을 양산하는 자본주의 체제라고 보며, 자본주의의 붕괴를 통해 여성억압의 문제를 해결할 수 있다고 본다.
④ 사회주의 페미니즘에서는 여성억압의 원인을 마르크스주의 페미니즘이 주장하는 자본주의와 급진주의 페미니즘이 주장하는 가부장제의 결합에서 찾는다.

09 답 ④
기초연금은 공무원, 군인, 사립학교교직원, 별정우체국직원 등 특수직역연금 수급자나 배우자에게는 지급하지 않지만, 국민연금 수급자는 연령과 소득기준이 부합하면 기초연금을 같이 받을 수 있다. 다만 국민연금 수령액이 기초연금액보다 1.5배 이상이면 감액된 기초연금을 받게 된다.

옳은 선지 보충설명
① 장애인연금과 기초연금은 둘 다 공공부조이므로 비기여-자산조사 프로그램이다.
② 장애인연금은 연령(18세 이상), 장애 정도(장애 정도가 심한 장애인), 소득기준(소득인정액이 선정기준 이하)을 급여 수급대상 선정기준으로 활용하며, 기초연금은 연령(65세 이상)과 소득기준(소득인정액이 선정기준 이하)을 선정기준으로 활용한다.
③ 장애인연금의 종류에는 기초급여(소득보전이 목적)와 부가급여(장애로 인한 추가비용 보전이 목적)가 있다. 이와 달리 기초연금은 별도의 하위 급여유형으로 나뉘지 않는다.

10 답 ②
우리나라의 사회보장 급여에 '장애급여'는 존재하지 않는다. 국민기초생활보장제도의 급여 유형은 해산급여, 주거급여, 교육급여, 생계급여, 의료급여, 장제급여, 자활급여이다. [해주 교생의 장자]로 암기하자.

11 답 ①
설명하고 있는 설계는 유사실험설계이다. 유사실험설계에는 시계열설계나 비동일통제집단설계 등이 포함된다.

12 답 ②
①은 바꾸어 말하기(환언), ②는 명료화(명확화), ③은 환기, ④는 재명명(재구성) 기술에 해당한다.

13 답 ④
ㄱㄴㄹ. 사회보험의 6대 원칙은 ① 포괄성(ㄱ), ② 적절성(ㄹ), ③ 정액기여(ㄴ), ④ 정액급여(ㄴ), ⑤ 행정통합, ⑥ 대상의 분류이다.
ㄷ. 베버리지(W. Beveridge)가 강조한, 사회보험이 성공하기 위한 전제조건은 ① 실업수당으로 인한 재정손실을 감안한 완전고용, ② 가족의 크기와 소득을 고려하여 결정하는 가족수당, ③ 치료와 예방을 포괄적으로 제공하는 보건서비스이다.

14 답 ③
③은 클라이언트에 대한 윤리기준 중 클라이언트의 자기결정권 존중과 관련이 되는 규정으로 윤리강령의 규정에 맞게 수정하면 다음과 같다.

> 사회복지사는 의사 결정이 어려운 클라이언트에 대해서는 클라이언트의 이익과 권리를 보장하기 위한 적절한 조치를 취해야 한다.

15 답 ②
ㄱ과 ㄹ은 잔여적 개념의 사회복지의 특성이고, ㄴ과 ㄷ은 제도적 개념의 사회복지의 특성이다.

16 답 ①

> 오답 체크

② **사회통제이론(음모이론)**에 따르면 사회복지정책의 주된 목적은 사회질서의 유지를 위한 사회통제에 있다.
③ **이익집단이론(이익집단정치이론)**은 사회적 분배를 둘러싼 다양한 이익집단들의 경쟁에서 정치적 힘이 강해진 집단의 요구를 정치인들이 수용하면서 복지국가가 등장하게 되었다고 본다.
④ **국가중심이론**에서는 중앙집권적이거나 조합주의적인 국가구조의 형태와 정치인의 개혁성 등이 복지국가를 발전시켰다고 본다.

17 답 ④

제시된 내용은 바우처(증서 혹은 이용권)에 해당한다. ①~③의 급여 지원형태는 모두 바우처가 맞지만, ④의 「국민기초생활 보장법」상 생계급여의 급여 지원형태는 현금이다.

> 「국민기초생활 보장법」 제9조(생계급여의 방법)
> ① 생계급여는 금전을 지급하는 것으로 한다. 다만, 금전으로 지급할 수 없거나 금전으로 지급하는 것이 적당하지 아니하다고 인정하는 경우에는 물품을 지급할 수 있다.

18 답 ③

> 오답 체크

① "영유아"란 7세 이하의 취학 전 아동을 말한다. (2024년 2월 9일부터 적용)
② 보건복지부장관은 보육 실태 조사를 3년마다 실시하고 그 결과를 공표하여야 한다.
④ 국공립어린이집 외의 어린이집을 설치·운영하려는 자는 특별자치시장·특별자치도지사·시장·군수·구청장의 인가를 받아야 한다.

19 답 ②

ㄱ. 산업재해보상보험제도 : 1963년 법 제정, 1964년 시행
ㄴ. 아동수당제도 : 2018년 법 제정 및 시행
ㄷ. 국민기초생활보장제도 : 1999년 법 제정, 2000년 시행
ㄹ. 국민연금제도 : 1986년 법 제정, 1988년 시행

20 답 ④

인권은 모든 사람이 갖는 보편적 권리이므로 클라이언트에만 국한되지 않는다. 클라이언트의 인권뿐만 아니라 사회복지사(사회복지 종사자)의 인권 보장도 중요하다.

> 「대한민국헌법」 제10조
> 모든 국민은 인간으로서의 존엄과 가치를 가지며, 행복을 추구할 권리를 가진다. 국가는 개인이 가지는 불가침의 기본적 인권을 확인하고 이를 보장할 의무를 진다.

제11회 기출재조합 모의고사 정답 및 해설

01	02	03	04	05	06	07	08	09	10
③	④	①	②	②	④	③	①	②	④
11	12	13	14	15	16	17	18	19	20
③	③	①	①	③	④	①	③	②	②

01 답 ③
박애사상과 사회진화론은 둘 다 자선조직협회의 주된 이념에 해당한다. 인보관운동은 민주주의, 기독교 사회주의, 급진주의와 실용주의적 사상 등의 이념에 영향을 받았다.

02 답 ④
특정 현상을 사회문제로 규정할 수 있으려면 현상의 원인이 개인의 결함이 아닌 사회구조적 요인에서 기인해야 한다.

특정 현상을 사회문제로 규정하기 위한 조건
① 현상이 사회적 가치(또는 규범)에서 벗어나야 한다.
② 현상의 원인이 개인의 결함이 아닌 사회구조적 요인에서 기인해야 한다.
③ 현상이 개인에게 한정되지 않고 사회구성원 다수에게 부정적인 영향을 미쳐야 한다.
④ 다수의 사회구성원 또는 사회적으로 영향력이 있는 사람들이 현상을 문제로 인식해야 한다.
⑤ 사회가 현상의 개선을 원해야 한다.
⑥ 개선을 위하여 집단적인 사회적 행동이 요청되어야 한다.

03 답 ①
클라이언트의 강점을 강조하는, 강점관점에 기반을 둔 대표적인 사회복지실천모델에는 역량강화모델(권한부여모델 혹은 임파워먼트모델)과 해결중심모델이 있다. 이 중 사회적, 조직적 환경에 대한 클라이언트의 통제력을 강조하면서 클라이언트와의 협력적 파트너십을 특히 강조하는 모델은 역량강화모델이다.

04 답 ②
로웬버그와 돌고프의 윤리원칙 심사표에서 우선되는 원칙은 ① 생명보호의 원칙, ② 평등과 불평등의 원칙, ③ 자율과 자유의 원칙, ④ 최소해악의 원칙, ⑤ 삶의 질의 원칙, ⑥ 사생활보호와 비밀보장의 원칙, ⑦ 진실과 완전공개의 원칙 순이다.

05 답 ②
오답 체크
ㄷ. 선별주의는 서비스가 필요한 대상을 선정하여 급여를 제공하기 때문에 비용의 효율성이 있다.
ㄹ. 보편주의는 사회문제가 사회체계의 불완전성과 불공평성에서 기인한다고 본다.

06 답 ④
④는 인본주의이론가인 로저스(Rogers)가 아니라 사회학습이론가인 반두라(Bandura)에 해당하는 내용이다.

07 답 ③
노인주거복지시설에 해당하는 양로시설, 노인공동생활가정, 노인복지주택과 노인의료복지시설에 해당하는 노인요양시설, 노인요양공동생활가정의 기능에 대한 「노인복지법」의 규정을 구분하자. 노인복지시설 문제가 굉장히 많이 출제되었기 때문에 최근 청소년복지시설 문제처럼 개별 유형의 기능을 구분하는 문제가 출제될 수도 있으니 대비해야 한다.

노인주거복지시설
1. 양로시설 : 노인을 입소시켜 급식과 그 밖에 일상생활에 필요한 편의를 제공함을 목적으로 하는 시설
2. 노인공동생활가정 : 노인들에게 가정과 같은 주거여건과 급식, 그 밖에 일상생활에 필요한 편의를 제공함을 목적으로 하는 시설
3. 노인복지주택 : 노인에게 주거시설을 임대하여 주거의 편의·생활지도·상담 및 안전관리 등 일상생활에 필요한 편의를 제공함을 목적으로 하는 시설

노인의료복지시설
1. 노인요양시설 : 치매·중풍 등 노인성질환 등으로 심신에 상당한 장애가 발생하여 도움을 필요로 하는 노인을 입소시켜 급식·요양과 그 밖에 일상생활에 필요한 편의를 제공함을 목적으로 하는 시설
2. 노인요양공동생활가정 : 치매·중풍 등 노인성질환 등으로 심신에 상당한 장애가 발생하여 도움을 필요로 하는 노인에게 가정과 같은 주거여건과 급식·요양, 그 밖에 일상생활에 필요한 편의를 제공함을 목적으로 하는 시설

08 답 ①

소극적 자유(타인의 간섭과 의지로부터의 자유로 자유의 '기회' 측면을 강조함)를 상대적으로 더 강조하는 이념은 신자유주의 이념이다. 사회민주주의에서는 소극적 자유보다 적극적 자유를 강조한다.

09 답 ②

오답 체크

ㄱ. 1980년대 초(1982년) 한국사회복지사협회에서 처음 제정하였으며, 2023년에 개정된 윤리강령을 발표했다.

ㄴ. 인간 존엄성과 사회정의를 핵심 가치로 제시하고 있다.

> **한국 사회복지사 윤리강령〉 윤리강령의 목적**
>
> 한국사회복지사 윤리강령은 사회복지 전문직의 가치와 윤리적 실천을 위한 기준을 안내하고, 윤리적 이해가 충돌할 때 고려해야 할 사항을 제시하고자 한다. 한국사회복지사 윤리강령의 목적은 다음과 같다.
> 1. 윤리강령은 사회복지 전문직의 사명과 사회복지 실천의 기반이 되는 핵심 가치를 제시한다.
> 2. 윤리강령은 사회복지 전문직의 핵심 가치를 실현하기 위한 윤리적 원칙을 제시하고, 사회복지 실천의 지침으로 사용될 윤리기준을 제시한다.
> 3. 윤리강령은 사회복지 실천 현장에서 발생하는 윤리적 갈등 상황에서 의사결정에 필요한 사항을 확인하고 판단하는 데 필요한 윤리 기준을 제시한다.
> 4. 윤리강령은 사회복지사가 전문가로서 품위와 자질을 유지하고, 자기 관리를 통해 클라이언트를 보호할 수 있도록 안내한다.
> 5. 윤리강령은 사회복지의 전문성을 확보하고 외부 통제로부터 전문직을 보호할 수 있는 기준을 제공한다.
> 6. 윤리강령은 시민에게 전문가로서 사회복지사의 역할과 태도를 알리는 수단으로 작용한다.

10 답 ④

ㄴ. 베이비부머(1차는 1955년에서 1963년 사이 출생자, 2차는 1968년에서 1974년 사이 출생자)가 2020년부터 노년기에 진입하기 시작하면서 우리나라의 고령화 속도가 가파르게 상승하고 있다.

ㄷ. 전체 인구 중 65세 이상 노인인구 비율이 20% 이상인 사회를 초고령사회라 하며, 우리나라는 2025년(빠르면 2024년 말)에 초고령사회에 진입할 것으로 예측되고 있다.

ㄹ. OECD 국가 중 유일하게 합계출산율(여성 한 명당 생애 중 예상되는 출산자녀 수)이 1.0 미만인 국가로, 2022년 우리나라의 합계출산율 0.78은 역대 OECD 국가가 기록한 가장 낮은 출산율임과 동시에 세계 최초로 국가 단위 출산율이 0.8 미만인 기록이다.

오답 체크

ㄱ. 노년부양비는 생산가능인구(15~64세 인구) 대비 65세 이상 노인인구 비율이다.

11 답 ③

생태체계적 관점(생태체계이론)에서는 변화를 위한 방법으로 다양한 이론과 전략을 수용한다.

12 답 ③

실험집단과 통제집단을 무작위로 할당하는 것은 외적 타당성(외적 타당도)이 아니라 내적 타당성(내적 타당도)을 높이기 위한 전략이다. 무작위 할당은 내적 타당도 저해요인을 통제하는 가장 최선의 방법이다.

13 답 ①

소화기장애는 우리나라 현재 장애인복지법령에서 규정하고 있는 장애 범주에 포함되지 않는다.

우리나라 장애인복지법령상 장애 분류

신체적 장애	외부 신체기능의 장애	시각장애, 청각장애, 안면장애, 언어장애, 지체장애, 뇌병변장애
	내부기관의 장애	심장장애, 신장장애, 간장애, 호흡기장애, 장루·요루장애, 뇌전증장애
정신적 장애	발달장애	지적장애, 자폐성장애
	정신장애	정신장애

14 답 ①

- 상병보상연금은 「산업재해보상보험법」상 급여 유형 중 하나이다.
- 각 법에서 규정하고 있는 급여 유형은 다음과 같다.
  ① 「국민연금법」 - (암기: 유노반장) 유족연금, 노령연금, 반환일시금, 장애연금
  ② 「산업재해보상보험법」 - (암기: 휴장장유 요상간직) 휴업급여, 장해급여, 장례비, 유족급여, 요양급여, 상병보상연금, 간병급여, 직업재활급여
  ③ 「국민기초생활 보장법」 - (암기: 해주 교생의 장자) 해산급여, 주거급여, 교육급여, 생계급여, 의료급여, 장

제급여, 자활급여
④ 「장애인연금법」 - (암기: 장애인이 연금을 기부해) 기초급여, 부가급여

15 답 ③
지역사회 문제의 해결에 대해 지역사회개발모델에서는 지역주민의 주도적 역할을, 사회계획모델에서는 전문가(실천가)의 주도적 역할을 강조한다. 실천가의 역할과 변화매개체는 다음과 같이 구분된다.

모델	실천가 역할	변화매개체(변화수단)
지역사회개발모델	안내자, 격려자, 조력자, 조정자, 문제해결기술교육(훈련)자, 촉매자, 역량강화자	과업 지향적 소집단 (주민그룹)
사회계획모델	조사자, 자료수집 및 분석자, 프로그램 계획(기획)자 및 추진자	관료조직, 공식조직
사회행동모델	옹호자, 대변자, 선동가, 중개자, 중재자, 행동가, 협상가, 조직가, 게릴라요원	대중조직, 정치적 과정

오답 체크
ㄱ. 지역사회개발모델에서는 주민의 참여를 바탕으로 지역사회 내 문제를 주민들 스스로 해결할 수 있는 자조를 강조하며, **과정목표 지향적**이다.

16 답 ④
ㄱ은 등간척도, ㄴ은 서열척도, ㄷ과 ㄹ은 비율척도에 해당하는 설명이다.

17 답 ③
원가족, 여러 세대에 걸쳐 반복, 분화수준, 삼각관계 등의 표현은 다세대 가족치료모델의 키워드이다.

18 답 ③
- 정신건강증진시설이란 정신의료기관, 정신요양시설 및 정신재활시설을 말한다.
- 정신의료기관이란 다음의 어느 하나에 해당하는 기관을 말한다.
  가. 「의료법」에 따른 정신병원
  나. 「의료법」에 따른 의료기관 중 정신건강복지법상 기준에 적합하게 설치된 의원
  다. 「의료법」에 따른 병원급 의료기관에 설치된 정신건강의학과로서 정신건강복지법상 기준에 적합한 기관

19 답 ②
피아제(Piaget)의 인지발달단계는 0~2세(영아기)는 감각운동기, 2~7세(유아기)는 전조작기, 7~12세(아동기)는 구체적 조작기, 12세 이후 청소년기는 형식적 조작기에 해당한다. 3~6세는 전조작기에 포함되므로 ②는 옳은 선지이다.

오답 체크
① 제1차 신체적 성장 급등기에 해당하는 시기는 **영아기(0~2세)**이다.
③ 에릭슨(Erikson)은 이 시기의 심리사회적 위기를 주도성 대 죄의식이라고 보았고, 이 위기를 극복(성공적으로 해결)하면 **목적의식**이라는 미덕을 획득한다고 보았다. 성실은 청소년기의 심리사회적 위기인 자아정체성 대 혼란을 극복했을 때 획득하는 미덕이다.
④ 논리적 사고, 보존 개념, 서열화, 분류 능력이 발달하는 인지발단단계는 구체적 조작기이며, 이는 **7~12세 아동기**에 해당한다.

20 답 ②
개정구빈법은 전국적으로 빈민에 대한 처우를 균일하게 하였고(전국 균일처우의 원칙), 빈민의 처우를 적어도 최하층 근로자의 생활수준 **이하**가 되도록 하였다(열등처우의 원칙).

제12회 기출재조합 모의고사 정답 및 해설

01	02	03	04	05	06	07	08	09	10
①	①	③	②	④	③	③	②	④	①
11	12	13	14	15	16	17	18	19	20
④	①	④	④	②	③	②	④	③	②

01 답 ①
"최저생계비"란 국민이 건강하고 문화적인 생활을 유지하기 위하여 필요한 최소한의 비용으로서 보건복지부장관이 계측하는 금액을 말한다.

02 답 ①
아동수당은 8세 미만에 해당하기만 하면 다른 조건 관계없이 모두 동일한 금액(현재 월 10만원)을 지원받는 사회수당 제도이다. 이는 보편적인 제도에 해당한다.

옳은 선지 보충설명
② 디딤씨앗통장사업은 보건복지부 소관(법적 근거는 「아동복지법」)으로 시행하고 있는 자산형성지원제도로, 아동복지시설 등에서 보호받고 있는 아동이나 저소득가구의 아동을 대상으로 하는 선별적인 복지제도이다.
③ 근로장려세제(EITC)는 국세청 소관(법적 근거는 「조세특례제한법」)으로 시행하고 있는 일종의 부의 소득세 제도로, 저소득 근로자 가구를 대상으로 하는, 근로연계형 선별적 복지제도이다.
④ 장애수당은 보건복지부 소관(법적 근거는 「장애인복지법」)으로 시행하고 있는 복지급여로, 18세 이상의 저소득 경증장애인을 대상으로 하는 선별적인 복지제도이다.

03 답 ③
양육수당은 유치원이나 어린이집을 을 이용하지 아니하는 영유아에 대하여 **영유아의 연령을 고려하여** 양육에 필요한 비용을 지원할 수 있다.

04 답 ②
주간보호시설은 재가노인복지시설에 해당한다.

05 답 ④
오답 체크
① 항상성은 체계가 균형을 위협받았을 때 기존 균형을 회복하여 안정되고 지속적인 균형상태를 유지하려는 경향을 말한다. 부분임과 동시에 전체라는 체계의 속성을 의미하는 체계이론의 개념은 **홀론(holon)**이다.
② 순환적 인과성은 체계 내 요소 간, 체계 간 상호 영향을 주고받는 것을 의미한다. 체계 내 한 부분의 변화는 다른 부분에 영향을 미치고 전체체계에도 파급 효과가 있음을 의미하는 체계이론의 개념은 **상호성(호혜성)**이다.
③ 안정상태는 환경과의 상호작용에서 부분들 간의 관계를 유지하기 위하여 에너지를 계속적으로 사용하는 상태를 의미하며, 항상성과 다르게 변화된 상황에 맞춰 역동적으로 구조를 변경해가며 새로운 균형을 찾으려 한다. 체계 내외부에서 발생한 변화로 균형이 깨졌을 때 회복하고자 하는 경향을 의미하는 체계이론의 개념은 **항상성**이다.

06 답 ③
평등성의 원칙은 사회복지서비스는 클라이언트의 연령, 성별, 지역, 종교 등을 막론하고 차별 없이 제공되어야 하는 것이다.

오답 체크
① 제시된 내용은 '접근성'의 원칙이다. 지속성의 원칙은 개인의 문제를 해결하는 과정에서 필요한 사회복지서비스를 중단 없이 받을 수 있도록 하여야 한다는 것이다.
② 제시된 내용은 '적절성'의 원칙이다. 포괄성의 원칙은 인간의 욕구와 문제는 다양하고 복잡하기 때문에, 사회복지서비스는 이러한 문제들을 동시에 대응할 수 있도록 구성·제공되어야 한다는 것이다.
④ 제시된 내용은 '책임성'의 원칙이다. 전문성의 원칙은 사회복지서비스는 전문적인 서비스이므로 핵심 업무는 전

문가가 담당하여야 한다는 것이다.

사회복지서비스 전달체계 구축 원칙

접근성 (접근용이성) (활용성)	• 클라이언트가 사회적 서비스를 쉽게 이용할 수 있어야 한다는 것이다. 이를 위해 접근성을 가로막는 다양한 장애 요인들을 제거해야 한다. • 접근성 저해 요인 : 거리나 교통 등 물리적인 요인, 서비스에 대한 정보 부족 또는 결여, 소외의식이나 사회복지사와의 거리감 등의 심리적 장애, 서비스 수혜 절차의 까다로움이나 긴 시간 소요 등 선정절차 장애, 비용 부담으로 인한 이용 회피 등
책임성	• 사회복지조직은 서비스제공에 대해 위임받은 조직이므로 서비스전달에 책임을 져야 한다. 책임의 대상은 국가(중앙정부)와 지방자치단체, 소비자(클라이언트, 수혜자) 등이다. 책임성 문제는 서비스의 효과성과 밀접하게 관련된다. • 책임성 확보를 위한 요인들 : 수혜자의 욕구에 대한 적절한 대응, 전달절차의 적합성, 서비스 전달과정에 있어서 불평과 불만에 대한 수렴장치의 확보, 주어진 자원으로 얼마나 효과적이고 효율적인 서비스를 제공했는지에 대한 객관적인 증명 등을 포함
평등성	클라이언트의 연령, 성별, 소득, 지역, 종교나 지위에 관계없이 모든 국민에게 차별없이 사회복지 서비스를 평등하게 제공해야 하는 절대적 평등과 서로 다른 조건에 맞게 다르게 제공하는 상대적 평등이 있다.
재활 및 자활 목적	대상자의 자활 또는 사회복귀를 위한 서비스가 제공되어야 한다.
적절성 (충분성)	클라이언트는 자신이 욕구충족이나 문제해결 및 서비스 목표 달성에 충분한 양과 질(제공기간 포함)의 서비스를 제공받을 수 있어야 한다.
포괄성 (다양성)	클라이언트의 욕구와 문제는 다양하고 복잡하므로 다각적 접근과 다양한 서비스 제공이 필요하다.
지속성	클라이언트에게 서비스가 중단없이 지속적으로 제공될 수 있어야 하며 복합적인 욕구에 대해서는 지역사회 내 연계를 통해 지속적으로 제공되어야 한다.
전문성	사회복지서비스는 전문적인 서비스이므로 핵심 업무는 전문가가 담당하여야 한다.
통합성	클라이언트의 다양한 문제해결을 위해 필요한 서비스들은 서로 연결되어 체계적으로 제공되어야 한다. 이를 위해 서비스 및 서비스 전달조직 간 유기적 연계와 협조체계가 구축될 필요가 있다.

07 답 ③

18세 이상의 중증장애인 중 소득인정액이 선정기준 이하에 해당하는 자를 선별하여 지급한다.

08 답 ②

사회적 배제는 1980년대 이후 사회구조의 변화 속에서 나타난, 기존의 사회적 위험(산재, 질병, 장애, 노령 등)과는 다른 성격의 새로운 사회적 위험에 해당한다. 소득빈곤이라는 결과적이고 경제적인 빈곤 개념에 머물던 기존의 빈곤 개념을 비판하며 등장한 개념으로, 빈곤이라는 결과적 상태보다는 빈곤에 이르게 된 역동적인 과정과 맥락을 강조하고 다차원적인 불리함에 초점을 둔다.

오답 체크

ㄴ. 사회적 배제는 소득빈곤보다는 소득빈곤의 영역을 넘어서는 불이익의 다양한 차원(소비활동, 저축활동, 생산활동, 정치활동, 의미 있는 사회적 상호작용과 사회활동 등)을 포괄하며 이를 해결하고자 한다.

ㄷ. 공공부조와 실업급여 등은 사전적 조치가 아니라 사후적 조치에 해당한다. 그리고 사회적 배제는 공공부조나 실업급여처럼 사후적인 소득지원보다 사회통합(사회적 결속의 증진), 정보, 자원 및 사회적 서비스에 대한 접근성의 확대, 유의미한 사회적 상호작용 등을 강조한다.

09 답 ④

• 공적연금 중 국민연금(급여유형 : 노령연금, 장애연금, 유족연금, 반환일시금)과 특수직역연금(공무원연금, 군인연금, 사립학교교직원연금, 별정우체국연금)은 사회보험에 해당한다. 사회보험에 해당하는 산업재해보상보험의 급여 유형인 상병보상연금도 사회보험에 해당한다.

• 기초연금과 장애인연금은 공공부조에 해당한다.

10 답 ①

시장·군수·구청장은 지역의 사회보장을 증진하고, 사회보장과 관련된 서비스를 제공하는 관계 기관·법인·단체·시설과 연계·협력을 강화하기 위하여 해당 **시·군·구**에 지역사회보장협의체를 둔다. 시·도에는 지역사회보장협의체가 아니라 시·도 사회보장위원회를 둔다.

11 답 ④

④는 **페이비언 사회주의(사회민주주의 혹은 민주적 사회주의)**에 해당한다. 토오니(Tawney)와 티트머스(Titmuss)는 페이비언 사회주의의 대표적인 인물이고, 마르크스주의의 대표적인 인물에는 **밀리반드**가 있다.

12 답 ①

- 상호작용이론에서는 사회문제를 개인이나 집단이 어떤 상황을 문제로 규정('이게 정상이고, 이거랑 다른 건 비정상!')하는 것으로 본다.
- 가족문제에 대해 상호작용이론은, 가족문제를 규정하는 객관적 기준이나 범주가 따로 존재하는 게 아니고 사람들이 상호작용하면서 만들어낸 '정상적 가족'이라는 정형화된 틀에서 벗어나는 가족을 비정상적 가족으로 규정하는 것이라고 본다. 즉, 모든 사회에서는 적절한 가족형태(정상가족)에 대한 사회적인 합의가 존재하는데 여기서 벗어나는 가족을 비정상 가족으로 낙인찍게 되고 그러한 가족을 문제라고 본다는 것이다.
- 남편이 생계를 책임지고 부인은 집에서 가사를 책임지는 역할분담이 정상이라고 생각하는 사람들이 많아지면, 이러한 역할분담에서 벗어나는 상태(예를 들면, 부인이 생계를 책임지고 남편은 집에서 가사일을 책임지는 경우)를 문제(비정상 혹은 병리)라고 생각하게 되는데, 이런 식으로 가족문제가 형성된다고 보는 입장은 상호작용이론에 해당한다.

13 답 ④
①은 종결단계, ②는 접수단계, ③은 자료수집단계, ④는 계획단계의 과업에 해당한다.

14 답 ④
1980년대 신우파 정권(대처리즘과 레이거노믹스)에서는 공공지원을 축소하고, 공공급여의 단순 제공 방식이 아니라 근로를 조건으로 하여 급여를 제공하는 근로연계복지(근로조건부복지, workfare)를 강화했다.

15 답 ②
검사-재검사법은 안정성의 원리에, 반분법은 동질성의 원리에, 유사양식법(대안법, 복수양식법, 평행양식법이라고도 함)은 동등성의 원리에 기반을 둔 신뢰도 평가방법이다.

16 답 ③
① 사회복지통합관리망(행복e음) 도입은 2010년에 이루어졌다.
② 지역사회복지계획 수립이 의무화된 것은 2003년 「사회복지사업법」 개정을 통해서이다.
③ 읍·면·동에 사회복지전문요원을 배치하기 시작한 것은 1987년부터였다.
④ 사회복지관의 운영이 지방이양사업으로 변경된 시기는 2005년부터이다.

17 답 ②
사회복지학이 추구하는 문제해결이나 욕구충족은 기본적으로 무엇이 옳은가 혹은 무엇이 더 적절한가의 답을 찾는 것으로 이것은 가치와 관련되어 있다.

18 답 ④
ㄱ은 정주법(1662)에 해당하는 내용이고, ㄴ, ㄷ, ㄹ은 모두 스핀햄랜드법(1795)에 해당하는 내용이다.

19 답 ③
존 롤스는 공정한 사회에 대한 합의를 도출하기 위해 입장의 차이를 내려놓고 생각할 수 있도록 원초적 입장(original position)이라는 개념을 제시하였다. 이러한 원초적 입장에서 사회구성원들이 합의할 수 있는 공정한 사회 구성의 원리로 다음 세 가지 원칙을 제시하였다.
① 평등한 자유의 원칙(principle of equal liberty)
② 공정한 기회균등의 원칙(principle of fair equality of opportunity)
③ 차등의 원칙(principle of difference)

오답 체크

평등과 불평등의 원칙(principle of equality & inequality)은 로웬버그와 돌고프(Lowenberg & Dolgoff)가 제시한 윤리원칙 심사표(Ethical Principles Screen)의 제2순위 원칙에 해당한다.

20 답 ②

부정(denial)은 고통스러운 환경이나 심리적 균형을 위협하는 정보를 거부함으로써 자신의 불안으로부터 도피하려는 방어기제이다. 심리적으로 수용하기 어려운 현실의 고통과 사실을 인정하지 못하고 '그럴 리가 없다'고 회피하는 경향을 보인다.

제13회 기출재조합 모의고사 정답 및 해설

01	02	03	04	05	06	07	08	09	10
③	④	③	③	①	②	①	④	①	④
11	12	13	14	15	16	17	18	19	20
③	④	③	②	②	②	①	①	②	④

01 답 ③

어린이집은 「영유아보육법」에서 규정하고 있다.

02 답 ④

사회민주주의와 신자유주의를 상호보완적으로 결합하여 인간의 얼굴을 한 시장경제를 추구하는 이념은 케인즈주의가 아니라 '제3의 길'이다.

03 답 ③

기초연금과 장애인연금은 공무원연금, 군인연금, 사립학교교직원연금, 별정우체국연금 수급권자 및 배우자에게는 지급하지 않는다.

오답 체크

① 기초연금은 공공부조이므로 비기여–**자산조사** 프로그램이다.
② 노인에게 기초연금을 지급하여 안정적인 소득기반을 제공함으로써 노인의 생활안정을 지원하고 복지를 증진함을 목적으로 하는 **선별적인** 제도이다.
④ 보건복지부장관은 선정기준액을 정하는 경우 65세 이상인 사람 중 기초연금 수급자가 100분의 70 수준이 되도록 한다.

04 답 ③

윤리강령의 목적 중 하나는 시민에게 전문가로서 사회복지사의 **역할과 태도**를 알리는 수단으로 작용하는 데 있다.

한국 사회복지사 윤리강령〉 윤리강령의 목적

한국사회복지사 윤리강령은 사회복지 전문직의 가치와 윤리적 실천을 위한 기준을 안내하고, 윤리적 이해가 충돌할 때 고려해야 할 사항을 제시하고자 한다. 한국사회복지사 윤리강령의 목적은 다음과 같다.

1. 윤리강령은 사회복지 전문직의 사명과 사회복지 실천의 기반이 되는 핵심 가치를 제시한다.
2. 윤리강령은 사회복지 전문직의 핵심 가치를 실현하기 위한 윤리적 원칙을 제시하고, 사회복지 실천의 지침으로 사용될 윤리기준을 제시한다.
3. 윤리강령은 사회복지 실천 현장에서 발생하는 윤리적 갈등 상황에서 의사결정에 필요한 사항을 확인하고 판단하는 데 필요한 윤리 기준을 제시한다.
4. 윤리강령은 사회복지사가 전문가로서 품위와 자질을 유지하고, 자기 관리를 통해 클라이언트를 보호할 수 있도록 안내한다.
5. 윤리강령은 사회복지의 전문성을 확보하고 외부 통제로부터 전문직을 보호할 수 있는 기준을 제공한다.
6. 윤리강령은 시민에게 전문가로서 사회복지사의 역할과 태도를 알리는 수단으로 작용한다.

05 답 ①

영국은 국민보험법(1911) 제정으로 **실업보험**과 건강보험 제도를 도입하였다.

06 답 ②

- 집단역동성(group dynamics)은 집단 내에서 작용하는 사회적인 힘과 상호작용을 의미한다.
- 집단역동성을 잘 활용하면 전체로서의 집단과 집단 성원 모두에게 긍정적인 영향을 미치지만 집단역동성을 잘 활용하지 못하면 부정적인 영향을 미치게 된다. 따라서 집단을 지도하는 사회복지사는 집단이 발달함에 따라 변화하는 집단역동성을 잘 이해하고 활용하여 집단에 긍정적 영향을 미칠 수 있는 집단역동성이 만들어질 수 있도록 해야 한다.

07 답 ①

사회투자국가에서 복지지출은 **수익을 창출하는 선에서 허용**된다.

사회투자국가의 특징

① 사회투자국가에서 복지지출은 수익을 창출하는 선에서 허용된다.
② 경제정책과 사회정책의 통합성을 강조하지만 경제정책이 사회정책보다 우선한다.
③ 사회투자는 인적자본, 특히 아동에 대한 투자를 핵심으로 한다.
④ 사회지출을 소비적 지출과 투자적 지출로 나눠 소비적 지출은 가능한 한 억제한다.
⑤ 시민의 권리는 의무와 균형을 이루어야 한다. 따라서 국가는 경제적 기회와 복지 제공의 의무를 지는 반면, 시민은 노동을 통해 스스로를 부양해야 한다.
⑥ 결과의 평등보다는 기회의 평등을 중시한다.

08 답 ④

ㄱ. 읍·면·동 복지허브화 실시는 2016년에 해당한다.
ㄴ. 시·군·구 희망복지지원단 설치는 2012년에 해당한다.
ㄷ. 사회복지통합관리망(행복e음) 구축은 2010년에 해당한다.
ㄹ. 읍·면·동 단위에 사회복지전문요원을 배치하여 공공복지의 토대를 마련한 시기는 1987년에 해당한다.

09 답 ①

「아동권리에 관한 국제협약」에서는 아동의 권리를 참여권, 보호권, 발달권, **생존권**으로 규정하고 있다. 참고로 ④는 우리나라 「아동복지법」에서 규정하고 있는 국가와 지방자치단체의 책무 중 하나이다.

10 답 ④

- 조사연구는 조사주제 선정 → 조사문제 설정 → 조사가설 설정(양적조사에만 해당. 질적조사에서는 조사가설을 설정하지 않음) → 조사설계 → 자료수집 → 자료분석 → 결과해석 → 조사보고서 작성의 순서로 진행된다.
- ㄷ은 조사설계 단계에서 이루어지는 작업이다. 조사설계 단계에서는 자료수집방법을 결정하고, 만일 설문지를 통해 자료수집을 하기로 결정했다면 설문지를 개발하고 신뢰도와 타당도를 확인하는 작업을 수행한다. 그 외에도 표집방법, 측정방법, 자료분석방법 등을 결정하는 작업이 조사설계 단계에서 이루어진다.

11 답 ③

- 각 사업이 해당되는 사회복지관 기능은 다음과 같다.
  ㄱ. 복지네트워크 구축 : 지역조직화 기능에 해당
  ㄴ. 사례발굴 : 사례관리 기능에 해당
  ㄷ. 주민조직화 : 지역조직화 기능에 해당
  ㄹ. 지역사회보호 : 서비스 제공 기능에 해당
  ㅁ. 교육문화 : 서비스 제공 기능에 해당
- 따라서 ㄱ과 ㄷ이 지역조직화 기능으로, ㄹ과 ㅁ이 서비스 제공 기능으로 묶인다.

12 답 ④

- 장애인 거주시설이란 거주공간을 활용하여 일반가정에서 생활하기 어려운 장애인에게 일정 기간 동안 거주·요양·지원 등의 서비스를 제공하는 동시에 지역사회생활을 지원하는 시설을 의미한다. 장애인 거주시설에는 장애유형별 거주시설, 중증장애인 거주시설, 장애영유아 거주시설, 장애인 단기거주시설, 장애인 공동생활가정의 다섯 유형이 있다.
- 장애인 지역사회재활시설이란 장애인을 전문적으로 상담·치료·훈련하거나 장애인의 일상생활, 여가활동 및 사회참여활동 등을 지원하는 시설을 말한다.

장애인복지시설

장애인 거주시설	거주공간을 활용하여 일반가정에서 생활하기 어려운 장애인에게 일정 기간 동안 거주·요양·지원 등의 서비스를 제공하는 동시에 지역사회생활을 지원하는 시설
장애인 지역사회 재활시설	장애인을 전문적으로 상담·치료·훈련하거나 장애인의 일상생활, 여가활동 및 사회참여활동 등을 지원하는 시설
장애인 직업재활시설	일반 작업환경에서는 일하기 어려운 장애인이 특별히 준비된 작업환경에서 직업훈련을 받거나 직업 생활을 할 수 있도록 하는 시설
장애인 의료재활시설	장애인을 입원 또는 통원하게 하여 상담, 진단·판정, 치료 등 의료재활서비스를 제공하는 시설
장애인 생산품 판매시설	장애인 생산품의 판매활동 및 유통을 대행하고, 장애인 생산품이나 서비스·용역에 관한 상담, 홍보, 판로 개척 및 정보 제공 등 마케팅을 지원하는 시설
장애인 쉼터	특별시장·광역시장·특별자치시장·도지사·특별자치도지사는 장애인 학대로 인하여 피해를 입은 장애인의 임시 보호 및 사회복귀 지원을 위하여 장애인 쉼터를 설치·운영할 수 있음

13 답 ③

오답 체크

① 현금 - 급여용도 외로 사용될 가능성이 높다.
② 현금이나 바우처 - 실효성을 높이는 데 이용자의 합리적 선택능력이 중요시된다.
④ 권력 - 물품과 자원에 대한 통제력을 재분배하는 것과 연관된다.

13 답 ②

- "사회복지관"이란 지역사회를 기반으로 일정한 시설과 전문인력을 갖추고 지역주민의 참여와 협력을 통하여 지역사회의 복지문제를 예방하고 해결하기 위하여 종합적인 복지서비스를 제공하는 시설을 말한다.
- "사회복지시설"이란 사회복지사업을 할 목적으로 설치된 시설을 말한다.

15 답 ②

- ②만 부과방식의 특징이고, 나머지는 모두 적립방식의 특징에 해당한다.
- 부과방식의 가장 큰 단점은 인구변동에 취약하다는 점이고, 적립방식의 가장 큰 단점은 인플레이션(물가변동으로 인한 화폐가치 하락)에 취약하다는 점이다.

구분	부과방식(pay-as-you-go system)	적립방식(funded system)
장점	• 시행 초기에 재정적 부담이 적음 • 제도 도입과 동시에 급여를 지급할 수 있음 • 투자위험에 노출될 가능성이 거의 없고, 기금관리 부족으로 인한 위험부담이 없음 • 인플레이션의 영향을 비교적 받지 않음 • 장기적 수리 추계 불필요	• 제도 성숙기에 자원의 활용(적립된 기금의 운용)이 가능 • 부과방식보다 인구학적 위험에 덜 취약 • 세대 간 형평성 문제가 발생하지 않음(현 세대와 미래 세대 간 공평한 보험료 부담이 비교적 가능)
단점	• 인구노령화에 따른 인구구조 변화에 취약 • 연금 급여를 받는 노인의 수에 비해 보험료를 납입하는 근로세대의 수가 줄어들 경우 보험료 부담 증가 → 세대 간 형평성 문제(노인인구가 증가하면서 뒤에 오는 세대일수록 보험료 부담이 가중 문제) 유발	• 일정한 적립 기간이 지나야 급여를 지급할 수 있으며, 장기간 기금 운영을 하는 과정에서 투자위험(원금손실 위험)이 존재 • 장기적 예측에 대한 부담이 큼 • 인플레이션에 취약(인플레이션으로 인해 연금의 실질가치 보장이 어려울 수 있음) • 충분한 기금의 축적을 위해 일반적으로 제도 시행 초기부터 재정적 부담이 큰 편임

16 답 ②

다른 법률에 따라 긴급지원의 내용과 동일한 내용의 구호·보호 또는 지원을 받고 있는 경우에는 긴급지원을 하지 않는다.

17 답 ①

오답 체크

② 아동양육시설 : 보호대상아동을 입소시켜 보호, 양육 및 취업훈련, 자립지원 서비스 등을 제공하는 것을 목적으로 하는 시설

③ 아동복지관 : 아동복지관은 「아동복지법」상 아동복지시설이 아님
④ 아동일시보호시설 : 보호대상아동을 일시보호하고 아동에 대한 향후의 양육대책수립 및 보호조치를 행하는 것을 목적으로 하는 시설

18 답 ①

테일러-구비가 제시한 새로운 사회적 위험에는 ②③④의 내용과 '복지재정의 한계로 복지를 민영화하는 과정에서 발생하는 새로운 문제들'이 포함된다.

19 답 ②

오답 체크

① "정신재활시설"이란 정신질환자의 사회적응을 위한 각종 훈련과 생활지도를 하는 시설이다.
③ "정신건강복지센터"이란 정신건강증진시설, 사회복지시설, 학교 및 사업장과 연계체계를 구축하여 지역사회에서의 정신건강증진사업 및 정신질환자 복지서비스 지원사업을 하는 기관 또는 단체를 말한다.
④ "정신요양시설"이란 정신질환자를 입소시켜 요양 서비스를 제공하는 시설을 말한다. 정신병원이나 정신건강의학과는 정신요양시설이 아니라 정신의료기관에 속한다.

「정신건강증진 및 정신질환자 복지서비스 지원에 관한 법률」 제3조(정의)
1. "정신질환자"란 망상, 환각, 사고(思考)나 기분의 장애 등으로 인하여 독립적으로 일상생활을 영위하는 데 중대한 제약이 있는 사람을 말한다.
2. "정신건강증진사업"이란 정신건강 관련 교육·상담, 정신질환의 예방·치료, 정신질환자의 재활, 정신건강에 영향을 미치는 사회복지·교육·주거·근로환경의 개선 등을 통하여 국민의 정신건강을 증진시키는 사업을 말한다.
3. "정신건강복지센터"란 정신건강증진시설, 사회복지시설, 학교 및 사업장과 연계체계를 구축하여 지역사회에서의 정신건강증진사업 및 정신질환자 복지서비스 지원사업을 하는 기관 또는 단체를 말한다.
4. "정신건강증진시설"이란 정신의료기관, 정신요양시설 및 정신재활시설을 말한다.
5. "정신의료기관"이란 다음 각 목의 어느 하나에 해당하는 기관을 말한다.
   가. 「의료법」에 따른 정신병원
   나. 「의료법」에 따른 의료기관 중 정신의료기관의 시설·장비의 기준과 의료인 등 종사자의 수·자격에 관한 기준에 적합하게 설치된 의원
   다. 「의료법」에 따른 병원급 의료기관에 설치된 정신건강의학과로서 정신의료기관의 시설·장비의 기준과 의료인 등 종사자의 수·자격에 관한 기준에 적합한 기관
6. "정신요양시설"이란 정신질환자를 입소시켜 요양 서비스를 제공하는 시설을 말한다.
7. "정신재활시설"이란 정신질환자 또는 정신건강상 문제가 있는 사람 중 대통령으로 정하는 사람의 사회적응을 위한 각종 훈련과 생활지도를 하는 시설을 말한다.

20 답 ④

흑창은 고려시대의 구빈제도이다.

제14회 기출재조합 모의고사 정답 및 해설

01	02	03	04	05	06	07	08	09	10
②	①	③	③	③	④	②	①	③	③
11	12	13	14	15	16	17	18	19	20
②	④	①	①	②	④	④	②	④	②

01 답 ②
- 로웬버그와 돌고프의 윤리원칙 심사표에서 우선되는 원칙은 ① 생명보호의 원칙, ② 평등과 불평등의 원칙, ③ 자율과 자유의 원칙, ④ 최소해악의 원칙, ⑤ 삶의 질의 원칙, ⑥ 사생활보호와 비밀보장의 원칙, ⑦ 진실과 완전공개의 원칙 순이다.
- 자율과 자유의 원칙은 3순위, 평등과 불평등의 원칙은 2순위이므로 평등과 불평등의 원칙이 자율과 자유의 원칙보다 우선된다.

02 답 ①
시장실패 요인 중 공공재에 해당하는 설명이다. 공공재는 소비의 비경합성(non-rivalry)과 비배제성(non-excludability)을 특징으로 하는 재화를 말한다. 비경합성이란 어떤 사람이 한 재화의 소비에 추가적으로 참여한다고 해서 다른 사람의 소비가능성이 줄어들지 않는 것을 말하고, 비배제성이란 대가를 치르지 않고 그것을 소비하려는 사람을 배제할 수 없는 것을 말한다.

03 답 ③
정치경제모형은 조직의 생존에 필요한 정치적 자원과 경제적 자원을 제공하는 업무환경의 중요성을 강조한다.

오답 체크
① 과학적 관리모형은 직원의 작업동작과 소요시간을 가장 효율적인 방식으로 표준화한 후 작업수행과 보상을 연결하여 차등적 성과급을 지급하는 방식의 기능적 관리를 강조한다.
② 과학적 관리모형은 조직 내부요인에 초점을 맞춘 폐쇄체계관점의 행정모형으로 조직을 환경과의 관계에서 설명하지 않는다.
④ 인간관계모형은 조직의 생산성에 물리적 환경보다 직원의 심리적 요인이 더 많은 영향을 미친다고 본다.

04 답 ③
동류집단조사는 동년배집단조사 혹은 코호트조사라고도 부르며, 특정 조건을 공유하는 동류집단 내에서 최소 두 시점 이상에서 표본을 선정해 자료를 수집·분석함으로써 변화를 분석하는 조사이다. 제시된 사례는 베이비부머(1955~1963년) 세대 중 2020년에 가장 먼저 노년기로 진입한 1955년생의 노년기 삶의 만족도 변화에 대한 동류집단조사(동년배집단조사)에 해당한다.

05 답 ③
사정(assessment)은 사회복지사와 클라이언트의 상호협력적 활동이며, 클라이언트의 욕구와 참여를 중시한다.

06 답 ④

에릭슨의 심리사회적 위기와 프로이트의 발달단계

단계		심리사회적 위기(발달과업)	대응되는 프로이트 단계
1	유(乳)아기	기본적 신뢰감 대 불신감	구강기
2	초기아동기	자율성 대 수치심과 의심	항문기
3	유희기(학령전기)	주도성(솔선성) 대 죄의식	남근기
4	학령기(아동기)	근면성 대 열등감	잠복기
5	청소년기	자아정체감 대 자아정체감 혼란	생식기
6	성인초기	친밀감 대 고립	
7	중년기	생산성 대 침체	
8	노년기	자아완성(자아통합) 대 절망	

07 답 ②
자산조사를 수급조건으로 하는 것은 공공부조이다. 사회보험은 기여와 위험 발생을 수급조건으로 한다.

08 답 ①
아동수당은 8세 미만이라는 인구학적 조건에 해당하면 능력, 기여, 욕구, 노력 등의 차이와 관계없이 누구에게나 동일하게(현재 월 10만원) 지급하는 급여이므로 수량적(결과의 혹은 산술적) 평등 가치를 반영한다.

09 답 ③
공공부조는 최후의 사회안전망 역할을 수행한다. 따라서 부양의무자의 부양과 다른 법령에 따른 보호가 이 법에 따른 급여에 우선한다.

> **「국민기초생활 보장법」 제3조(급여의 기본원칙)**
> ① 이 법에 따른 급여는 수급자가 자신의 생활의 유지·향상을 위하여 그의 소득, 재산, 근로능력 등을 활용하여 최대한 노력하는 것을 전제로 이를 보충·발전시키는 것을 기본원칙으로 한다.
> ② 부양의무자의 부양과 다른 법령에 따른 보호는 이 법에 따른 급여에 우선하여 행하여지는 것으로 한다. 다만, 다른 법령에 따른 보호의 수준이 이 법에서 정하는 수준에 이르지 아니하는 경우에는 나머지 부분에 관하여 이 법에 따른 급여를 받을 권리를 잃지 아니한다.

10 답 ③
베버리지 보고서(1942)는 복지국가의 청사진을 제시했다고 평가되는 보고서로, 2차 세계대전 후 영국 복지국가 건설과 전성기를 이끌었다. 따라서 복지국가 위기 이전 복지국가 건설 및 전성기와 관련된다.

11 답 ②
오늘날의 가족수당 또는 최저생활보장의 기반이 된 법은 **스핀햄랜드법(1795년)**이다.

12 답 ④
실험설계의 구성 요소는 다음과 같다.
- 독립변수의 조작(실험집단에만 독립변수를 처치하는 것을 말함)
- 종속변수의 비교
- 외생변수의 통제를 위해 조사대상을 실험집단과 통제집단으로 무작위 할당

13 답 ①
사회보장에 대한 「사회보장기본법」의 정의에서는 사회적 위험을 출산, 양육, 실업, 노령, 장애, 질병, 빈곤, 사망으로 명시하고 있다.

> "사회보장"이란 출산, 양육, 실업, 노령, 장애, 질병, 빈곤 및 사망 등의 사회적 위험으로부터 모든 국민을 보호하고 국민 삶의 질을 향상시키는 데 필요한 소득·서비스를 보장하는 사회보험, 공공부조, 사회서비스를 말한다.

14 답 ①
② 수한질여진대지제 – 천재지변, 전쟁, 질병 등으로 피해를 입은 이재민들에게 쌀, 잡곡, 소금, 의류 등 각종 물품과 의료, 주거 등을 제공하는 고려시대의 구휼제도
③ 대곡자모구면 – 춘궁기 등에 백성에게 대여한 관곡을 거두어들일 시기가 되었는데 재해로 인한 흉작으로 상환이 곤란할 때에는 원래 관곡 및 이자를 감면해준 신라시대의 구휼제도
④ 상평창 – 곡물 가격의 변동에 따라 생활을 위협받는 일반 농민을 보호하고 물가를 안정시키기 위해 **고려시대에 처음 도입되어 조선시대까지 이어진** 비황제도. 조선시대의 대표적 비황(備荒)제도인 3창(의창, 상평창, 사창) 중 의창과 상평창(의창은 조선 태조 때, 상평창은 세조 때 설치)은 고려시대에 처음 실시되기 시작해 조선시대까지 이어진 구빈제도인 반면, 사창은 조선 문종 1년에 처음으로 실시된 창제이다.

15 답 ②
이 법의 지원대상자는 위기상황에 처한 사람으로서 이 법에 따른 지원이 긴급하게 필요한 사람(긴급지원대상자)이다.

16 답 ④
부과방식 연금제도의 주된 소득재분배 효과는 세대 간 재분배이다. 시점 간 재분배는 적립방식 연금제도에 해당한다.

17 답 ④

> **「사회복지사업법」 제21조(임원의 겸직 금지)**
> ① 이사는 법인이 설치한 사회복지시설의 장을 제외한 그 시설의 직원을 겸할 수 없다.
> ② 감사는 법인의 이사, 법인이 설치한 사회복지시설의 장 또는 그 직원을 겸할 수 없다.

오답 체크
① 사회복지법인을 설립하려는 자는 대통령령으로 정하는 바에 따라 시·도지사의 허가를 받아야 한다.
② 외국인도 사회복지법인의 이사가 될 수 있다. 다만, 외국인인 이사는 **이사 현원의 2분의 1 미만**이어야 한다.
③ 사회복지법인은 대표이사를 포함한 이사 7명 이상과 감사 2명 이상을 두어야 한다.

18 답 ②
통합성의 원칙은 서비스들 사이의 유기적인 연계와 협력을 강조한다.

19 답 ④
할당의 원리 중 가장 보편적인 것부터 순서대로 나열하면 귀속적 욕구, 보상, 진단적 구분, 자산조사 순이다.

20 답 ②
테일러와 로버츠 모델은 ① 프로그램 개발 및 조정모델, ② 계획모델, ③ 지역사회연계모델, ④ 지역사회개발모델, ⑤ 정치적 역량강화모델의 다섯 가지로, 프로그램 개발 및 조정모델은 후원자 권한 100%, 정치적 역량강화모델은 클라이언트(지역주민) 권한 100%인 모델이다. 후원자와 클라이언트(지역주민)의 권력이 각각 50%로 비슷한 정도인 모델은 지역사회연계모델이다.

제15회 기출재조합 모의고사 정답 및 해설

01	02	03	04	05	06	07	08	09	10
①	④	②	③	①	③	③	①	③	④
11	12	13	14	15	16	17	18	19	20
②	①	④	①	①	④	②	③	②	①

01 답 ①
오답 체크
② 개인의 기본적 복지권이 타인의 자기결정권보다 우선한다.
③ 개인의 자기결정권은 그 자신의 기본적 복지권보다 우선한다.
④ 주택, 교육, 공공부조와 같은 공공재를 증진시킬 의무는 개인의 완전한 재산관리권보다 우선한다.

리머(Reamer)의 윤리적 의사결정 지침
① 인간행위의 필수적 전제조건(생명, 건강, 음식, 주거, 정신적 균형)에 대한 기본적인 위해를 막는 규칙은 거짓말을 하거나 비밀정보 누설, 오락, 교육, 재산과 같은 부가재를 위협하는 것과 같은 위해를 막는 규칙보다 우선한다.
② 개인의 기본적 복지권(인간행위의 필수적인 조건 포함)은 타인의 자기결정권보다 우선한다.
③ 개인의 자기결정권은 그 자신의 기본적 복지권보다 우선한다.
④ 자발적이고 자유롭게 동의한 법률, 규칙, 규정을 준수해야 하는 의무는 이들 법률, 규칙, 규정과 갈등을 일으키는 방식으로 행동하는 개인의 권리보다 통상적으로 우선한다.
⑤ 개인의 복지권은 그와 갈등을 일으키는 법률, 규칙, 규정 및 지원단체들의 협정보다 우선한다.
⑥ 기아와 같은 기본적 위해를 예방하고 주택, 교육, 공공부조와 같은 공공재를 증진시킬 의무는 개인의 완전한 재산관리권보다 우선한다.

02 답 ④
모두 옳은 내용이다.

03 답 ②
조사반응성은 내적 타당도가 아니라 외적 타당도 저해요인이다.

04 답 ③
한국 사회복지사 윤리강령 전문에서는 사회복지사가 아니라 '도움을 필요로 하는 사람들'의 사회적 지위와 기능 향상을 추구한다고 명시하고 있다.

한국 사회복지사 윤리강령 전문

사회복지사는 인본주의·평등주의 사상에 기초하여, 모든 인간의 존엄성과 가치를 존중하고 천부의 자유권과 생존권의 보장 활동에 헌신한다.
특히 사회적·경제적 약자들의 편에 서서 사회정의와 평등·자유와 민주주의 가치를 실현하는 데 앞장선다. 또한, 도움을 필요로 하는 사람들의 사회적 지위와 기능을 향상시키기 위해 저들과 함께 일하며, 사회제도 개선과 관련된 제반 활동에 주도적으로 참여한다. 사회복지사는 개인의 주체성과 자기 결정권을 보장하는 데 최선을 다하고, 어떠한 여건에서도 개인이 부당하게 희생되는 일이 없도록 한다.
이러한 사명을 실천하기 위하여 전문적 지식과 기술을 개발하고, 사회적 가치를 실현하는 전문가로서의 능력과 품위를 유지하기 위해 노력한다. 이에 우리는 클라이언트·동료·기관 그리고, 지역사회 및 전체사회와 관련된 사회복지사의 행위와 활동을 판단·평가하며 인도하는 윤리기준을 다음과 같이 선언하고 이를 준수할 것을 다짐한다.

05 답 ①

- 조작적 조건화는 반두라가 아니라 스키너 이론에 해당하는 개념이다. 행동주의이론가 중 파블로프는 고전적(반응적) 조건화, 스키너는 조작적 조건화, 반두라는 대리적 조건화에 해당한다.
- 반두라 이론의 주요 개념 : 대리적 조건화, 사회학습이론, 인지, 관찰학습, 자기강화, 자기효능감 등

06 답 ③

오답 체크

ㄱ. 지역사회보장협의체는 전국 시·군·구, 읍·면·동 단위에 설치한다. 시·도에는 사회보장에 관한 사항에 대한 심의·자문기구로 시·도 사회보장위원회를 두기 때문에 지역사회보장협의체를 설치하지는 않는다.
ㄷ. 사회보장에 관한 업무를 담당하는 공무원은 지역사회보장협의체의 위원으로 위촉될 수 있다.

「사회보장급여의 이용·제공 및 수급권자 발굴에 관한 법률」상 시·군·구 지역사회보장협의체가 심의·자문하는 업무

1. 시·군·구의 지역사회보장계획 수립·시행 및 평가에 관한 사항
2. 시·군·구의 지역사회보장조사 및 지역사회보장지표에 관한 사항
3. 시·군·구의 사회보장급여 제공에 관한 사항
4. 시·군·구의 사회보장 추진에 관한 사항
5. 읍·면·동 단위 지역사회보장협의체의 구성 및 운영에 관한 사항

07 답 ③

1일 평균 학습시간은 비율 척도이다(학습을 전혀 하지 않는다면 0이라고 할 수 있으므로 절대 0이 성립하며, 절대 0이 성립하면 비율 척도라 할 수 있다).

08 답 ①

원조를 목적으로 하다라도 클라이언트에 대한 사전 고지와 동의 절차 없이 어떤 자리(공간)에서 어떤 전문가들과도 클라이언트에 대한 정보를 나누는 것이 모두 허용되는 것은 아니다.

09 답 ③

제시된 설명은 「사회보장기본법」상 사회보험에 대한 정의이다. 국민연금, 공무원연금, 국민건강보험은 모두 사회보험 제도에 해당하지만, 장애인연금이나 기초연금은 사회보험이 아니라 공공부조 제도에 해당한다.

10 답 ④

리더십 특성이론은 리더가 가진 특성(외모, 성격 등)이나 자질을 강조하면서, 그러한 특성과 자질은 타고나므로 학습이 어렵다고 주장한다.

11 답 ②

- 쓰레기통 모형은 조직화된 무질서 상태를 가정하면서 정책결정이 일정한 규칙에 따라 이루어지는 것이 아니라 정책결정에 필요한 여러 가지 흐름(문제, 해결책, 선택 기회, 참여자 등의 4요소)이 우연히 한곳에 모여져 정책결정이 이루어진다고 보는 모형이다.
- 직관이 아니라 '참여자'이다.
- 참고로, '직관'은 최적모형에서 강조하는 초합리적 요소에 해당되는 개념이다.

12 답 ①

건강가정지원센터는 「건강가정지원법」에서 규정하고 있는 기관이다. 가정위탁지원센터, 아동일시보호시설, 자립지원

시설은 「아동복지법」상 아동복지시설에 해당한다.

13 답 ④

오답 체크

① 열등감은 아들러의 개인심리이론, 동화와 조절은 피아제의 인지발달이론의 주요 개념이다.
② 에릭슨은 각 발달단계에서 경험하는 심리사회적 위기를 잘 극복했을 때 건강한 발달이 나타난다고 보았다.
③ 에릭슨은 성격이론을 전 생애에 걸쳐 진행되는 8단계의 발달단계로 설명하였다.

에릭슨의 발달단계와 발달과업(심리사회적 위기)

단계		심리사회적 위기 (발달과업)	강화되는 자아특질	대응되는 프로이트 단계
1	유(乳)아기	기본적 신뢰감 대 불신감	희망	구강기
2	초기아동기	자율성 대 수치심과 의심	의지	항문기
3	유희기(학령전기)	주도성(솔선성) 대 죄의식	목적	남근기
4	학령기(아동기)	근면성 대 열등감	능력	잠복기
5	청소년기	자아정체감 대 자아정체감 혼란	성실	생식기
6	성인초기	친밀감 대 고립	사랑	
7	중년기	생산성 대 침체	배려	
8	노년기	자아완성(자아통합) 대 절망	지혜	

14 답 ①

ㄱ. 「국민건강보험법」: 1999년 제정
ㄴ. 「영유아보육법」: 1991년 제정
ㄷ. 「사회보장급여의 이용·제공 및 수급권자 발굴에 관한 법률」: 2014년 제정
ㄹ. 「사회복지사업법」: 1970년 제정

15 답 ①

- ①은 「국민기초생활 보장법」에서 규정하고 있는 급여의 기본원칙 중 하나이다.
- ①에 들어갈 알맞은 내용은 다음과 같다. '장기요양급여는 노인등이 자신의 의사와 능력에 따라 최대한 자립적으로 일상생활을 수행할 수 있도록 제공하여야 한다.'

16 답 ④

오답 체크

① 엘리자베스 구빈법은 근로능력이 있는 건강한 빈민(The able-bodied poor)을 교정원 또는 열악한 수준의 작업장에서 강제노역을 하게 하였다.
② 인도주의적 구빈제도로 평가받는 스핀햄랜드법은 현대의 최저생활보장의 기반이 되었다.
③ 스핀햄랜드법은 구빈지출비용을 증대시킴으로써 1834년 개정구빈법 제정에 결정적인 영향을 미쳤다.

17 답 ②

- 민간 전달체계의 상대적인 장점은 탄력적(융통성), 전문적, 창의적, 실험적, 개별적, 선택의 기회, 접근성 등의 키워드를 떠올리자.
- 공공 전달체계의 상대적인 장점은 보편적, 포괄적, 외부효과, 공공재, 안정성, 지속성, 통합·조정, 규모의 경제효과, 소득재분배, 평등의 실현 등을 떠올리자.

18 답 ③

오답 체크

ㄴ. 현물급여는 현금급여보다 정책의 목표효율성은 높지만 운영효율성은 낮다.
ㄷ. 수급자가 원하는 재화나 서비스를 시장에서 구입할 수 있어 효용을 극대화할 수 있는 것은 현금급여이다.

19 답 ②

②번 선지에서는 공공부조의 정의와 사회서비스의 정의를 섞어서 오답을 구성했다. 공공부조는 '생활 유지 능력이 없거나 생활이 어려운 국민'을 대상으로 하지만, 사회서비스는 '국가·지방자치단체 및 민간부문의 도움이 필요한 모든 국민'을 대상으로 한다는 점을 구분해야 한다.

- "공공부조"(公共扶助)란 국가와 지방자치단체의 책임 하에 생활 유지 능력이 없거나 생활이 어려운 국민의 최저생활을 보장하고 자립을 지원하는 제도를 말한다.
- "사회서비스"란 국가·지방자치단체 및 민간부문의 도움이 필요한 모든 국민에게 복지, 보건의료, 교육, 고용, 주거, 문화, 환경 등의 분야에서 인간다운 생활을 보장하고 상담, 재활, 돌봄, 정보의 제공, 관련 시설의 이용, 역량 개발, 사회참여 지원 등을 통하여 국민의 삶의 질이 향상되도록 지원하는 제도를 말한다.

20 답 ①

법명이 '기본법'으로 끝나는 법 중 「사회복지사업법」에서 정하고 있는 사회복지사업을 규정하고 있는 법률은 「건강가정기본법」 하나이다. 「저출산·고령사회기본법」은 해당되지 않는다.

저자 김유경

서울대학교 사회복지학 석·박사

서울대학교, 세종대학교, 서울시립대학교, 경기대학교,
　　서울사이버대학교, 평택대학교 등 다수 대학에서 강의

에쎕 사회복지사 1급 수험서 집필 및 유튜브 강의

현 공단기 사회복지학 대표강사, 사회복지전문 출판 생각의마을 이사,
　　(사)열린복지 감사

전 광진복지재단(연구원), 노숙인다시서기지원센터(과장)

김유경 사회복지학개론
동형모의고사 1 기출재조합형 중심

1판 1쇄 발행 2023년 12월 8일

지은이	김유경
펴낸이	김동근
펴낸곳	지식터

등 록	2022년 10월 19일 (등록번호 제396-2022-000170호)
주 소	경기도 고양시 일산동구 정발산로 24 웨스턴타워 3차 417호(장항동)
전 화	031-811-8500
팩 스	031-811-8600
이메일	jster22@naver.com
홈페이지	www.jster22.com
ISBN	979-11-92845-80-7 (13330)

값 16,000원

잘못된 책은 구입처에서 바꾸어 드립니다.
무단전재와 복제를 금합니다.

김유경 선생님과 함께 준비하는
사회복지직·보호직 공무원 시험 대비 도서

**김유경 PASS
사회복지학개론(상)**

2023년 6월 발행 | 322쪽 | 20,000원
979-11-92845-47-0

**김유경 PASS
사회복지학개론(하)**

2023년 7월 발행 | 368쪽 | 21,000원
979-11-92845-48-7

**김유경 PASS
사회복지학개론 복습노트**

2023년 6월 발행 | 224쪽 | 15,000원
979-11-92845-49-4

**필다나 핵심콕콕
사회복지학개론
알짜 필기노트**

2023년 8월 | 308쪽 | 22,000원
979-11-92845-61-6

**김유경 사회복지학개론
단원별 기출문제집**

2023년 9월 발행 | 548쪽 | 33,000원
979-11-92845-72-2

**김유경 사회복지학개론
기출문제집 복습노트**

2023년 9월 발행 | 348쪽 | 24,000원
979-11-92845-74-6

**김유경 사회복지학개론
동형모의고사 1
기출재조합 중심**

2023년 9월 발행 | 152쪽 | 16,000원
979-11-92845-80-7

**김유경 사회복지학개론
단원별 모의고사**

12월 말 출간 예정

**김유경 사회복지학개론
동형모의고사 2**

1월 중순 출간 예정

동형모의고사 1 기출재조합형 중심 — 빠른 정답

제1회 기출재조합 모의고사 정답 및 해설

01	02	03	04	05	06	07	08	09	10
②	④	④	①	③	②	③	③	②	③

11	12	13	14	15	16	17	18	19	20
④	②	④	①	①	②	③	③	①	①

제2회 기출재조합 모의고사 정답 및 해설

01	02	03	04	05	06	07	08	09	10
③	②	②	④	④	④	①	③	②	③

11	12	13	14	15	16	17	18	19	20
①	②	③	③	①	④	④	①	②	①

제3회 기출재조합 모의고사 정답 및 해설

01	02	03	04	05	06	07	08	09	10
③	②	②	④	②	③	④	③	③	①

11	12	13	14	15	16	17	18	19	20
①	①	②	③	③	①	④	①	②	④

제4회 기출재조합 모의고사 정답 및 해설

01	02	03	04	05	06	07	08	09	10
②	④	②	①	③	④	③	①	③	④

11	12	13	14	15	16	17	18	19	20
②	②	③	②	①	④	①	③	①	②

제5회 기출재조합 모의고사 정답 및 해설

01	02	03	04	05	06	07	08	09	10
③	②	②	③	①	③	④	③	①	①

11	12	13	14	15	16	17	18	19	20
②	④	③	④	④	④	①	②	③	④

제6회 기출재조합 모의고사 정답 및 해설

01	02	03	04	05	06	07	08	09	10
③	①	②	②	②	①	④	②	②	③

11	12	13	14	15	16	17	18	19	20
④	④	②	③	③	④	②	④	④	①

제7회 기출재조합 모의고사 정답 및 해설

01	02	03	04	05	06	07	08	09	10
④	③	②	②	③	④	③	①	①	②

11	12	13	14	15	16	17	18	19	20
①	④	②	②	①	④	②	①	②	④

제8회 기출재조합 모의고사 정답 및 해설

01	02	03	04	05	06	07	08	09	10
②	③	①	②	③	④	③	①	④	②

11	12	13	14	15	16	17	18	19	20
④	④	③	②	④	④	①	③	①	②

동형모의고사 1 기출재조합형 중심   빠른 정답

제9회 기출재조합 모의고사 정답 및 해설

01	02	03	04	05	06	07	08	09	10
④	①	③	②	③	④	①	②	③	②
11	12	13	14	15	16	17	18	19	20
②	③	③	②	④	②	②	①	①	④

제10회 기출재조합 모의고사 정답 및 해설

01	02	03	04	05	06	07	08	09	10
③	④	①	④	③	①	④	②	④	②
11	12	13	14	15	16	17	18	19	20
①	②	④	③	②	①	④	③	②	④

제11회 기출재조합 모의고사 정답 및 해설

01	02	03	04	05	06	07	08	09	10
③	④	①	②	②	④	③	①	②	④
11	12	13	14	15	16	17	18	19	20
③	③	①	①	③	④	①	③	②	②

제12회 기출재조합 모의고사 정답 및 해설

01	02	03	04	05	06	07	08	09	10
①	①	③	②	④	③	③	②	④	①
11	12	13	14	15	16	17	18	19	20
④	①	④	④	②	③	②	④	③	②

제13회 기출재조합 모의고사 정답 및 해설

01	02	03	04	05	06	07	08	09	10
③	④	③	③	①	②	①	④	①	④
11	12	13	14	15	16	17	18	19	20
③	④	③	②	②	②	①	①	②	④

제14회 기출재조합 모의고사 정답 및 해설

01	02	03	04	05	06	07	08	09	10
②	①	③	③	③	④	②	①	③	③
11	12	13	14	15	16	17	18	19	20
②	④	①	①	②	④	④	②	④	②

제15회 기출재조합 모의고사 정답 및 해설

01	02	03	04	05	06	07	08	09	10
①	④	②	③	①	③	③	①	③	④
11	12	13	14	15	16	17	18	19	20
②	①	④	①	①	④	②	③	②	①